职业教育财经类专业新课改精品教材系列丛书

基础会计实训

王薇 编著

电子工业出版社
Publishing House of Electronics Industry
北京·BEIJING

内 容 简 介

本书主要内容包括会计文字的书写、原始凭证的填制和审核、记账凭证的填制和审核、账簿的登记、错账更正、账务处理程序、银行存款余额调节表的编制、会计报表的编制及基础会计综合实训 9 个项目。本书突出职业导向的教学理念，体例新颖，针对性强，适合职业院校学生使用。

本书可作为职业院校财经类及相关专业教学用书，也可作为在职财务人员的培训用书。

未经许可，不得以任何方式复制或抄袭本书之部分或全部内容。

版权所有，侵权必究。

图书在版编目（CIP）数据

基础会计实训/王薇编著. —北京：电子工业出版社，2017.12
ISBN 978-7-121-33000-1

Ⅰ. ①基… Ⅱ. ①王… Ⅲ. ①会计学－中等专业学校－教材 Ⅳ. ①F230

中国版本图书馆CIP数据核字（2017）第272057号

策划编辑：徐　玲
责任编辑：徐　玲
印　　刷：北京七彩京通数码快印有限公司
装　　订：北京七彩京通数码快印有限公司
出版发行：电子工业出版社
　　　　　北京市海淀区万寿路173信箱　邮编　100036
开　　本：787×1 092　1/16　印张：13.25　字数：332.8千字
版　　次：2017年12月第1版
印　　次：2024年7月第5次印刷
定　　价：29.80元

凡所购买电子工业出版社图书有缺损问题，请向购买书店调换。若书店售缺，请与本社发行部联系，联系及邮购电话：（010）88254888，88258888。

质量投诉请发邮件至 zlts@phei.com.cn，盗版侵权举报请发邮件至 dbqq@phei.com.cn。
本书咨询联系方式：xuling@phei.com.cn。

前言

本书是根据"以能力为本位,以职业技能为主线,以项目课程为主体的课程体系"的总体设计要求,通过对财务人员的工作任务和职业能力分析,围绕初级财务岗位任职人员所需的实践知识和职业能力进行构思而编写的。本书具有以下特点:

(1)强调"实训"和"岗位技能"

本书与企业用人需求相结合,重视学生操作能力的培养,强调在教学中实用技能的训练,把提高学生的职业能力放在显著的位置,加强实践性教学环节。在课时和内容安排上,技能训练的比例占 80%以上。根据会计基础工作的具体内容,系统地取舍理论知识,解释尽量浅显易懂,侧重会计实务的操作,利于学生掌握。

(2)体现技术的先进性、实用性和技巧性

本书紧密结合最新的会计准则,强化基本技能,综合应用能力;结合会计实践对会计记账的技巧进行重点训练。

(3)强调"巧"与"独特"

本书的实训案例由具有丰富实践能力的会计师精心选取,特别是对记账的技巧性、美观性等方面的技能进行了总结与提炼,别具一格。

本书由无锡城市职业技术学院王薇编著,由无锡城市职业技术学院左占卫主审。近年来,编著者对会计专业教材进行了大量的研究,并出版多本相关书籍,这些书籍涉及初级会计师职业资格相关课程、会计岗位实践课程、会计职业素养课程等。本教材是对学生专业实践能力的启蒙训练。

为了方便教师教学,本书还配有电子教案、教学指南及习题答案(电子版),请有此需要的教师登录华信教育资源网(www.hxedu.com.cn)下载或与电子工业出版社联系,我们将免费提供(E-mail:hxedu@phei.com.cn)。

在编写过程中,林云刚对本教材的编写提出了许多宝贵的、有建设性的指导意见,在此表示诚挚的谢意!同时,恳请广大财会教学工作者和读者继续提出宝贵意见,以便我们进一步完善(邮箱:65073481@qq.com)。

编著者

2017 年 9 月

目　录

项目 1　会计文字的书写 1
　　实训 1　日期大写 2
　　实训 2　金额大写 2

项目 2　原始凭证的填制和审核 4
　　实训 1　原始凭证的填制 5
　　实训 2　原始凭证的审核 25

项目 3　记账凭证的填制和审核 31
　　实训 1　记账凭证的填制 32
　　实训 2　记账凭证的审核与装订 57

项目 4　账簿的登记 58
　　实训 1　日记账的登记 59
　　实训 2　明细账的登记 66
　　实训 3　总账的登记 75

项目 5　错账更正 78
　　实训 1　红字更正法 79
　　实训 2　补充登记法 86

项目 6　账务处理程序 90
　　实训 1　汇总凭证账务处理程序 91
　　实训 2　科目汇总表账务处理程序 98
　　实训 3　记账凭证账务处理程序 101

项目 7　银行存款余额调节表的编制 111

项目 8　会计报表的编制 116
　　实训 1　资产负债表的填制 117
　　实训 2　利润表的编制 120

项目 9　基础会计综合实训 123
　　实训 1　基本业务实训 124
　　实训 2　会计报表编制实训 195

项目 1

会计文字的书写

通过本项目的学习，你能够：
1. 熟悉小写数字与大写数字之间的转换。
2. 掌握凭证上大写日期的书写。
3. 掌握凭证上大写金额的书写。

实训 1　日期大写

（一）实训目的

能正确书写重要原始凭证上的大写日期。

（二）实训要求

根据资料在对应处写出出票日期的大写。

1. 2017 年 10 月 2 日_____
2. 2018 年 2 月 30 日_____
3. 2017 年 1 月 15 日_____
4. 2016 年 3 月 20 日_____
5. 2017 年 5 月 8 日_____
6. 2017 年 4 月 6 日_____
7. 2018 年 6 月 10 日_____
8. 2017 年 7 月 16 日_____
9. 2018 年 8 月 20 日_____
10. 2017 年 11 月 1 日_____

（数字书写）

实训 2　金额大写

（一）实训目的

能正确书写原始凭证上的大写金额。

（二）实训要求

根据资料在对应处写出大写金额。

1. ¥139 708.67_____
2. ¥10 087 625.03_____
3. ¥65 320.11_____
4. ¥705 832.00_____
5. ¥972 000.09_____
6. ¥40 001.50_____

（数字书写）

7. ￥520.13＿＿＿＿＿＿＿＿＿＿＿＿＿＿＿＿＿＿＿＿

8. ￥8.08＿＿＿＿＿＿＿＿＿＿＿＿＿＿＿＿＿＿＿＿＿

9. ￥22 589.00＿＿＿＿＿＿＿＿＿＿＿＿＿＿＿＿＿＿

10. ￥18 961.76＿＿＿＿＿＿＿＿＿＿＿＿＿＿＿＿＿

会计文字的书写评价表

实 训 项 目	分　　值	评　价	备　注
日期大写	40		
金额大写	40		
态度与独立完成情况	20		组长评价
合　　计	100		

项目 2

原始凭证的填制和审核

通过本项目的学习,你能够:
1. 掌握常见原始凭证的填制方法。
2. 掌握原始凭证的审核方法。

实训 1 原始凭证的填制

（一）实训目的

1. 能根据原始凭证分析经济业务的发生情况；
2. 能根据经济业务正确填制相关的原始凭证。

（二）实训资料

1．企业有关情况

（1）单位名称：无锡博朗贸易发展有限公司（一般纳税人），纳税人识别号：101310112075189。

（2）单位地址及电话：无锡市中山路23号　0510-85555888。

（3）开户行及账号：中国工商银行无锡支行　3200086754665466466。

2．企业有关经济业务

2017年1月份发生以下部分经济业务：

【业务1】 5日，销售给苏州市一星贸易有限公司一批商品，并给予1%的折扣（见图表2-1）。

图表2-1

销 售 单

购货单位：苏州市一星贸易有限公司　　地址和电话：苏州市升大路16号 0512-65588955　　单据编号：8022509999

纳税人识别号：656895231013101　　开户行及账户：中国工商银行苏州分行 8802777100194501685

制单日期：2017年1月5日

编码	产品名称	规格	单位	单价	数量	金额	备注
001	打印机	#1001	台	800.00	50.00	40 000.00	不含税价
合计	人民币（大写）：肆万元整					￥40 000.00	

会计联

总经理：林自　　销售经理：李惠　　经手人：王博　　会计：胡美　　签收人：

【业务2】 10日,采购部购入计算器一批(见图表2-2),已验收入库。

图表2-2

江苏省增值税专用发票   No 03287212

此联不作报销 扣税凭证使用   开票日期:2017年1月10日

购货单位	名　　称: 无锡博朗贸易发展有限公司 纳税人识别号: 101310112075189 地址、电话: 无锡市中山路23号 0510-85555888 开户行及账号: 中国工商银行无锡支行 320008675466466	密码区	06*6906<4/+8490<+95-59+7<2434987 <0-->>-6>525<693719->7*787*3187< 4/+8490<+957086813809<712/<1+901 6>3187++>84>93/-

货物或应税劳务名称	规格型号	单位	数量	单价	金额	税率	税额
计算器	PE-2018	台	20.00	1 800.00	36 000.00	17%	6 120.00
合　计					36 000.00		6 120.00

价税合计(大写)	人民币叁万贰仟壹佰贰拾元整		(小写) ¥42 120.00

销货单位	名　　称: 光大实业有限公司 纳税人识别号: 71110101866213 地址、电话: 常州东城区沿江西路18号 0519-82638504 开户行及账号: 中国工商银行常州分行 009149080910065165	备注	合同号:销20171029 光大实业有限公司 发票专用章

收款人:　　　复核人:　　　开票人: 李华　　　销货单位:(章)

【业务3】 15日,购入上海家化公司肥皂一批,以转账方式结算(见图表2-3)。

图表2-3

上海市增值税专用发票   NO 03287212

此联不作报销 扣税凭证使用   开票日期:2017年1月15日

购货单位	名　　称: 无锡博朗贸易发展有限公司 纳税人识别号: 101310112075189 地址、电话: 无锡市中山路23号 0510-85555888 开户行及账号: 中国工商银行无锡支行 320008675466466	密码区	06*6906<4/+8490<+95-59+7<24349 87<0-->>-6>525<693719->7*787*3 187<4/+8490<+957086813809<712/ <1+9016>3187++>84>93/-

货物或应税劳务名称	规格型号	单位	数量	单价	金额	税率	税额
肥皂		块	100.00	18.00	1 800.00	17%	306.00
合　计					1 800.00		306.00

价税合计(大写)	人民币贰仟壹佰零陆元整		(小写) ¥2 106.00

销货单位	名　　称: 上海家化公司 纳税人识别号: 101018666213572 地址、电话: 上海东城区沿江西路18号 021-88670531 开户行及账号: 中国工商银行上海分行 5870091490809100165	备注	合同号:销20171015 上海家化公司 发票专用章

收款人:　　　复核人:　　　开票人: 张华　　　销货单位:(章)

【业务 4】 16 日,运输部门领用阻燃棉 100 个,用于修理汽车。

【业务 5】 18 日,销售一批洗发水给琳达贸易有限公司(见图表 2-4)。

图表 2-4

销 售 单

购货单位:琳达贸易有限公司　地址和电话:常州市轻大路 6 号 0519-65500900　单据编号:8022509888
纳税人识别号:756895212345601　　开户行及账户:中国工商银行常州分行 9902777112345501685

制单日期:*2017 年 1 月 16 日*

编码	产品名称	规格	单位	单价	数量	金额	备注
101	洗发水		瓶	10.00	500.00	5 000.00	不含税价
合计	人民币(大写):*伍仟元整*					¥5 000.00	

会计联

总经理:*林白*　　销售经理:*李惠*　　经手人:*王峰*　　会计:*胡美*　　签收人:

【业务 6】 20 日,根据中上旬汇总得出,第三生产车间共领用 3 次青麻纤维纸浆(规格是 A 级),原材料编号为 A01,用于生产精品纸张。7 月 1 日领用了 30 吨,7 月 10 日领用了 50 吨,7 月 19 日领用了 20 吨,领料人均是张猛,发料人均是李韵。此原材料当月限额领料数量为 110 吨。

【业务 7】 22 日,因业务量增加,急需扩大生产规模,故将一台原由资产保管部门保管的机床转入第一生产车间(见图表 2-5)。

图表 2-5

固定资产卡片(正面)　　　　第 *025* 号

资产类别	*机器设备*	制造厂名	*东南机械厂*	预计使用年限	*20 年*
编　号	*025*	出厂编号	*1155896*	购置日期	*2016 年 9 月 01 日*
名　称	*机床*	出厂日期	*2016 年 8 月 10 日*	安装日期	*2016 年 9 月 10 日*
型　号	*AP-1189*	使用部门	*资产保管部门*	开始使用日期	*2016 年 9 月 10 日*
预计残值	*50 000.00 元*	存放地点	*资产保管部门*	建卡日期	*2016 年 9 月 10 日*
折旧方法	*直线法*	资产原值	*200 000.00 元*	月折旧率	*0.35%*

设备主要技术参数或建筑物占地面积、建筑面积及结构	设备主要配件名称、数量或建筑物附设设备	大修理记录	
		时间	项目

原 价 变 动 记 录				
日期	增加	减少	变动后记录	变动原因

年:基本折旧率	%
年:基本折旧率	%

【业务8】 26日,生产车间的一台空气净化器到期报废(见图表2-6)。

图表2-6

固定资产卡片(正面)　　　　　　　　　第030号

资产类别	机器设备	制造厂名	红星机械厂	预计使用年限	5年
编　号	030	出厂编号	8855896	购置日期	2011年12月10日
名　称	空气净化器	出厂日期	2011年5月10日	安装日期	2011年12月20日
型　号	A-1059	使用部门	生产车间	开始使用日期	2011年12月20日
预计残值	1 000.00元	存放地点	生产车间	建卡日期	2011年12月20日
折旧方法	直线法	资产原值	60 000.00元	月折旧率	1%
设备主要技术参数或建筑物占地面积、建筑面积及结构		设备主要配件名称、数量或建筑物附设设备		大修理记录	
				时间	项目
原　价　变　动　记　录					
		日期	增　加	减　少	变动后记录	变动原因
年:基本折旧率	%					
年:基本折旧率	%					

【业务9】 31日,第一仓库盘点周转材料螺帽(编号01),计量单位为千克,单价为20元。账面结存数量为2 550千克,金额为51 000.00元。实际盘点的结果如下:数量为2 500千克,金额为50 000.00元。

【业务10】 31日,7月份工资资料如图表2-7所示。

图表2-7

7月份工资资料

编制单位:无锡博朗贸易发展有限公司　　　　　　　　　　　　　单位:元

编号	姓名	基本工资	职务工资	奖金	加班工资	应付工资	备注
1	林天	2 800.00	100.00	100.00	200.00	3 200.00	个人缴纳养老保险160元,医疗保险40元,住房公积金90元
2	林梦	3 500.00	500.00	200.00	100.00	4 300.00	同上
3	林池	3 000.00	500.00	100.00	50.00	3 650.00	同上
4	陈红	4 000.00	600.00	100.00	100.00	4 800.00	同上
5	陈明	4 300.00	500.00	100.00	150.00	5 050.00	同上
6	丁亮	3 600.00	300.00	200.00	100.00	4 200.00	同上

（三）实训要求

1. 根据业务 1 开具增值税蓝字专用发票（见图表 2-8）。
2. 根据业务 2 填写入库单（第一仓库，按实际价格入库，见图表 2-9）。
3. 根据业务 3 请填写收料单（发货数与实收数一致；合同号：B086，见图表 2-10）。
4. 根据业务 4 请填写领料单（请领与实发数量一致，领用人：马明，见图表 2-11）。
5. 根据业务 5 请填写出库单（出货仓库是：第二仓库，见图表 2-12）。
6. 根据业务 6 相关信息填写限额领料单（发料仓库是第三仓库，请领与实发数量一致，无代用数量和退料数量，限额结余须填写，见图表 2-13）。
7. 根据业务 7 请填制固定资产转移单（资产管理员：吴天，见图表 2-14）。
8. 根据业务 8 请填写固定资产报废单（制单：刘明，见图表 2-15）。
9. 根据业务 9 请填写盘点报告表（见图表 2-16）。
10. 根据业务 10 工资资料编制工资表（见图表 2-17）。

图表 2-8

江苏省增值税专用发票 NO 03387214

此联不作报销、购进税凭证使用   开票日期：　年　月　日

购货单位	名　　称：				密码区	06*6906<4/+8490<+95-59+7<2434987<0-->>-6>525<693719->7*787*3187<4/+8490<+95708 6813809<712/<1+9016>3187++>84>93/-		
	纳税人识别号：							
	地址、电话：							
	开户行及账号：							

货物或应税劳务名称	规格型号	单位	数量	单价	金额	税率	税额
合　　计							

价税合计（大写）	（小写）

销货单位	名　　称：	备注	
	纳税人识别号：		
	地址、电话：		
	开户行及账号：		

收款人：　　　　复核人：　　　　开票人：杨芳　　　　销售方：（章）

第一联：记账联 销货方记账凭证

图表 2-9

产 成 品 入 库 单

验收仓库：　　　　　　　　　　年　月　日　　　　　　　　NO：000256

交来单位及部门：　　　　　发票号码或生产单号码：　　　入库日期：

产品名称	计量单位	交付数量	检查结果		实收数量	金　额
			合格	不合格		
合　计						

车间负责人：　　　　检验：　　　　仓管：　　　　交库：周爱

第二联　记账联

图表 2-10

收 料 单

合同编号：　　　　　　　　　年　月　日　　　　　　　编号：001
供应单位：　　　　　　　　　　　　　　　　　　　　　结算方式：

编号	名称	规格	单位	数量		实际成本				备注
				应收	实收	买价		运杂费	其他	合计
						单价	金额			
合　　计										

主管：　　　采购员：　　　检验员：　　　记账员：李星　　　保管员：

第三联　记账联

图表 2-11

领 料 单

领料部门：

用途：　　　　　　　　　年　月　日　　　　　　　　　NO：006

材料编号	名称	规格	计量单位	数量		备注
				请领	实发	
Z02						

第一联　会计联

仓管部主管：　　　　发料人：　　　　生产部主管：　　　　领料人：

图表 2-12

产 成 品 出 库 单

年　月　日

购货单位：　　　　　　　　　　　　　　　　　NO：0005689

发出仓库：**第二仓库**

产品名称	计量单位	出库数量	备注

第二联　记账联

仓库主管：　　　仓管员：　　　财务：　　　经手人：**蔡婷婷**

图表 2-13

限额领料单

领料部门：   凭证编号：00000456

用途：   年 月 日   发料仓库：

材料类别	材料编号	材料名称及规格	计量单位	领用限额	实际领用	单价	金额	备注

供应部门负责人：刘丽   生产计划部门负责人：赵华

日期	数量		收料人签章	发料人签章	扣除代用数量	退料			限额结余
	请领	实发				数量	收料人	发料人	

第一联：会计联

图表 2-14

固定资产转移单

变动日期   年   月   日

资产编号	固定资产名称	型号	数量	转出部门	转入部门	备注
转移原因：						
转入部门			部门领导		资产管理员	
转出部门			部门领导		资产管理员	
资产办公室领导签字						

转出联

图表 2-15

固定资产报废单

年　月　日　　　　　　　　　　　　　　　　　　　　　　凭证编号：*845523*

固定资产名称及编号	规格型号	单位	数量	购买日期	已计提折旧月数	原始价值	已提折旧	备注

固定资产状况及报废原因				
处理意见	使用部门	技术鉴定小组	固定资产管理部门	主管部门审批

图表 2-16

周转材料盘点报告表

单位名称：　　　　　　　　年　月　日　　　　　　　　　单位：*元*

编号	类别及名称	计量单位	单价	实存		账存		对比结果				备注
								盘盈		盘亏		
				数量	金额	数量	金额	数量	金额	数量	金额	

监盘人：*张渝*　　　　　　　　　　　　　盘点人：*林天*　　　（第 *5* 页共 *10* 页）

7月份工资表

第 _1_ 页 共 _1_ 页
制表日期：_2017_ 年 _7_ 月 _31_ 日

编号	工号及姓名	基本工资	职务工资	奖金	加班工资	(一) 产病工资			(一) 事假		应发工资	代扣款项				实发金额	收款人签章
						日数	%	工资	日数	工资		养老保险	医疗保险	住房公积金	个人所得税		

图表 2-17

实训 2　原始凭证的审核

（一）实训目的

1. 会审核原始凭证；
2. 能对原始凭证的审核结果进行处理。

（二）实训资料

1. 企业有关情况

（1）单位名称：无锡市惊天贸易公司（一般纳税人），纳税人识别号：507068765970687。

（2）法人代表：曹天；财务主管：张白。

（3）会计：林天爱；复核：沈益；制单：华刚；出纳：王凤。

（4）单位地址及电话：无锡市汇合路 19 号，0510-82676888。

（5）开户行及账号：中国工商银行无锡汇合支行，3200086754668675466。

2. 2017 年 10 月 20 日，该企业取得或填制的原始凭证如下。

（1）销售产品一批，取得梁溪市①蓝天公司转账支票一张（见图表 2-18）。

（2）从梁溪市新华发电机有限责任公司购入发电机 200 台，取得增值税专用发票（见图表 2-19）。

（3）收到银行转来的梁溪市自来水总公司开具的自来水费发票（见图表 2-20）。

（4）采购员刘祥因参加广州展销会预借差旅费 4 500 元，出纳员拿到刘祥的借款单（见图表 2-21）。

（5）销售科业务员张海明报销业务招待费 865 元，出纳员拿到张海明出具的费用报销单（见图表 2-22）和发票（见图表 2-23）。

（三）实训要求

对相关原始凭证进行审核，并说明审核处理结果。

图表 2-18

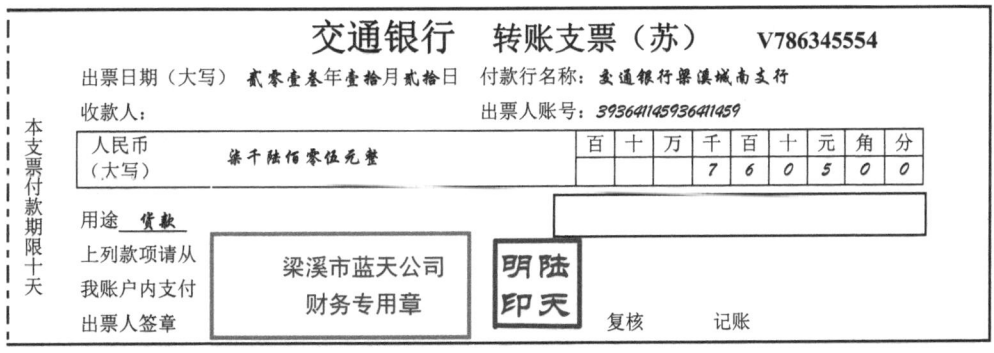

---

① 本书"梁溪市"是虚构的市，位于江苏省。

审核本支票发现的问题如下：

（1）_____

（2）_____

（3）_____

（4）_____

本支票的处理方法：_____

图表 2-19

310025458		江苏省增值税专用发票				NO 03287396		
						开票日期：2017 年 10 月 20 日		
购货单位	名　　称：	无锡市惊天贸易公司			密码区	06*6906<4/+8490<+95-59+7<243498 7<0-->>-6>525<693719->7*787*318 7<4/+8490<+957086813809<712/<1+ 9016>3187++>84>93/-		
	纳税人识别号：	507068765970687						
	地址、电话：	无锡市汇合路19号　0510-82676888						
	开户行及账号：	中国工商银行无锡汇合支行 3200086754668675466						
货物或应税劳务名称	规格型号	单位	数量	单价	金额	税率	税额
发电机	N220	台	200	480.00	96 000.00	17%	16 320.00
合计					96 000.00		16 320.00
价税合计（大写）	壹拾壹万贰仟叁佰贰拾元整				（小写）¥112 320.00		
销货单位	名　　称：	梁溪市新华发电机有限责任公司			备注	采用支票结算		
	纳税人识别号：	412444563076796						
	地址、电话：	长江北路2号　0599-82104178						
	开户行及账号：	华夏银行梁溪支行　6345765990025 9900						

收款人：李燕　　复核人：方芳　　开票人：季方　　销货单位：

审核本发票发现的问题如下：

（1）_____

（2）_____

本发票的处理方法：_____

图表 2-20

江苏省无锡市自来水总公司自来水费发票
发 票 联

132020550323

2017 年 10 月 20 日　　　　　NO 01309660

户　名	无锡市惊天贸易公司			
地　址	无锡市汇合路19号			
本月示数	上月示数	消费量（m³）	单　价	金　额
5 120	4 020	1 100	3.20	3 520.00
金　额（人民币大写）				
备　注	抄表员　徐南	编　号　操　作	89744　SLGI	

梁溪市自来水总公司
发票专用章

收款单位（盖章）　　　　　　　　　　　　　　　付款日期：2017.10.20

审核本发票发现的问题如下：

（1）_____

（2）_____

本发票的处理方法：_____

图表 2-21

借 款 单

（借款单）

2017 年 10 月 20 日　　　　　第 09321 号

借款人	刘祥	借款事由	
所属部门	采购科		
借款金额人民币（大写）	伍仟伍佰元整	核准金额	伍仟伍百元整
审批意见　同意　　　　　曹天　2017.10.20		归还期限	2017 年 10 月 27 日

会计主管：　　　　复核：　　　　出纳：　　　　借款人：

审核本借款单发现的问题如下：

（1）_____

（2）_____

（3）_____

本借款单的处理方法：_____

图表 2-22

无锡市惊天贸易公司　费用报销单　（报销业务招待费）

	购物（或业务往来）日期： 2017 年 10 月 20 日		背面附原始凭证		1 张
	内　　　容	发票号	单价	数量	金额
1	业务招待费	05523456			856.00
2					
3					
备注：苏州减震机公司来单位签约					
实报金额（大写）人民币捌佰伍拾陆元整			¥856.00		
审批		稽核	林天爱	验收	雍明	经手人	张海明

审核本报销单发现的问题如下：

　　（1）_____

　　（2）_____

　　本报销单的处理方法：_____

图表 2-23

江苏省无锡市通用发票
发　票　联

发票代码　542010600212
发票号码　05523456

机打票号：228876
机器编号：07　　　　　密码
收款方：鸿运饭店
纳税人识别号：507068765970687
开票日期：2017 年 10 月 20 日　　开票人：林天爱
付款方：东方公司

项　　目	金　　额
餐费	750.00
饮料	115.00

现金付讫

合计（小写）：856.00
合计（大写）：RMB 捌佰伍拾陆元整

手写无效

收款方（盖章有效）

审核本发票发现的问题如下：

　　（1）_____

　　（2）_____

　　本发票的处理方法：_____

原始凭证的填制与审核项目评价表

评 价 项 目	分　值	评　分	备　注
增值税专用发票的填制	8		
入库单的填制	6		
收料单的填制	6		
领料单的填制	6		
出库单的填制	6		
限额领料单的填制	6		
固定资产转移单的填制	6		
固定资产报废单的填制	6		
盘点报告表的编制	6		
工资表的编制	6		
转账支票的审核	6		
增值税专用发票的审核	6		
水费发票的审核	6		
报销单的审核	6		
饭店发票的审核	6		
态度与独立完成情况	8		组长评价
合　　计	100		

项目3

记账凭证的填制和审核

通过本项目的学习,你能够:
1. 掌握专用记账凭证的填制方法。
2. 掌握记账凭证的审核及装订方法。

实训1 记账凭证的填制

（一）实训目的

会根据原始凭证正确编制记账凭证。

（二）实训资料

1. 企业有关情况

（1）单位名称：无锡市博朗贸易发展有限公司（一般纳税人），纳税人识别号：101310112075189。

（2）法人代表：缪建新；财务主管：庄薇。

（3）会计：林海；复核：沈益；制单：华刚；出纳：王凤。

（4）单位地址及电话：无锡市中山路23号，0510-85555888。

（5）开户行及账号：中国工商银行无锡中山支行，3200086754665466466。

2. 企业有关经济业务

2017年1月1日，该企业有关经济业务如下。

【业务1】 如图表3-1和图表3-2所示（提示：无锡市新区百丽公司购货并支付货款）。

【业务2】 如图表3-3所示（提示：提取现金备用）。

【业务3】 如图表3-4所示（提示：无锡市南方企业支付前欠货款）。

【业务4】 如图表3-5所示（提示：江苏省常州市新华公司预付购货款）。

【业务5】 如图表3-6所示（提示：以现金支付备用金）。

【业务6】 如图表3-7～图表3-10所示（提示：购买材料，材料已验收入库）。

【业务7】 如图表3-11、图表3-12所示（提示：预付货款）。

【业务8】 如图表3-13～图表3-15所示（提示：通过银行代发职工工资，并结转代扣款项）。

【业务9】 如图表3-16、图表3-17所示（提示：职工邵明报销独生子女幼托费）。

【业务10】 如图表3-18、图表3-19所示（提示：职工报销差旅费并收回余款）。

图表 3-1

中国工商银行　进账单　（收账通知）　3

2017年1月1日

收款人	全称	无锡市博朗贸易发展有限公司	付款人	全称	无锡市新区百丽公司
	账号	3200086754665466466		账号	3204004000215621388
	开户银行	中国工商银行无锡中山支行		开户银行	中国工商银行梁溪城北支行

金额	人民币（大写）	肆仟叁佰捌拾柒元伍角整	千	百	十	万	千	百	十	元	角	分
						¥	4	3	8	7	5	0

票据种类	支票	票据张数	1	中国工商银行无锡中山支行 2017.01.01 办讫章 (02)
票据号码	65400945			开户银行签章
复核		记账		

此联是收款人开户银行交给收款人的收账通知

图表 3-2

230097081　　　江苏省增值税专用发票　　　No 0005624673

记账联　　开票日期：2017年1月1日

购货单位	名　　称：无锡市新区百丽公司	密码区	06*6906<4/+8490<+95-59+7<2434987<0-->>-6>525<693719->7*787*3187<4/+8490<+95708681 13809<712/<1+9016>3187++>84>93/-
	纳税人识别号：320204758921336		
	地址、电话：梁溪市新丰路12号 0599-84329135		
	开户行及账号：中国工商银行梁溪城北支行 3204004000215621388		

货物或应税劳务名称	规格型号	单位	数量	单价	金额	税率	税额
装订机		台	15	250.00	3 750.00	17%	637.50
合计					3 750.00		637.50

价税合计（大写）	人民币肆仟叁佰捌拾柒元伍角整	（小写）¥4 387.50

销货单位	名　　称：无锡市博朗贸易发展有限公司	备注
	纳税人识别号：10131012075189	
	地址、电话：无锡市中山路23号 0510-82676888	
	开户行及账号：中国工商银行无锡中山支行 3200086754665466466	

收款人：曹久凤　　　复核人：朱强　　　开票人：李华

第三联：记账联　销货方记账凭证

图表 3-3

```
中国工商银行
现金支票存根（苏）
VI03427890675

附加信息 _____
        _____
        _____

出票日期 2017 年 01 月 01 日
收款人：本单位
金　额：￥6 000.00
用　途：备用金

单位主管 缪建新    会计 林海
```

图表 3-4

中国工商银行　进账单　（收账通知）　　　3

2017 年 1 月 1 日

收款人	全　称	无锡市博朗贸易发展有限公司	付款人	全　称	无锡市南方企业
	账　号	3200086754665466466		账　号	6001628612423545688
	开户银行	中国工商银行无锡中山支行		开户银行	中国工商银行梁溪城北支行

金额	人民币（大写）贰佰叁拾叁元陆角整	千	百	十	万	千	百	十	元	角	分
							￥	2	3	3	6	0

票据种类	支票	票据张数	1
票据号码	098765028（付欠款）		
复核		记账	

中国工商银行
无锡中山支行
2017.01.0 开户银行签章
办讫章
（02）

此联是收款人开户银行交给收款人的收账通知

图表 3-5

中国工商银行电汇凭证（收款通知）

委托日期：*2017* 年 *1* 月 *1* 日　　　　第 *9034254* 号

收款人	全称	无锡市博朗贸易发展有限公司	付款人	全称	江苏省常州市新华公司	此联是给收款单位的收账通知
	账号或住址	3200086754665466466		账号或住址	1803763555235486158	
	汇入地点	江苏省梁溪市	汇入行名称	中国工商银行无锡中山支行	汇出地点	江西省九江市	汇出行名称	中国工商银行人民支行	
金额	人民币（大写）	肆仟元整			千 百 十 元 角 分 ￥ 4 0 0 0 0 0	
汇款用途：购货预付定金						
上列款项已根据委托办理，如需查询，请持回单来行面洽。						

（盖章：中国工商银行无锡中山支行 2017.01.01 办讫章（02））

图表 3-6

借款申请单

2017 年 *1* 月 *1* 日

借款单位	销售科张琳	
用途	出差预借差旅费	
金额（大写）人民币伍仟元整	￥5 000.00	现金付讫
还款计划	*2017* 年 *1* 月 *10* 日	
领导批准	缪建新	借款人签字（盖章）　张琳

图表 3-7

无锡市博朗贸易发展有限公司　费用报销单

购物（或业务往来）日期：*2017* 年 *1* 月 *1* 日　　　背面附原始凭证 *3* 张

	内　容	发票号	单价	数量	金额
1	支付材料款	0587286595	3.35	200	670.00
2	支付增值税				113.90
3					
备注：					
实报金额（大写）人民币柒佰捌拾叁元玖角整		￥783.90			
审批	缪建新	稽核 林海	验收 黄玲	经手人	王凤

报销日期：*2017* 年 *1* 月 *1* 日

图表 3-8

367067128 　　　江苏省增值税专用发票　　No　0587286595

开票日期：2017 年 1 月 1 日

购货单位	名　　　称：无锡市博朗贸易发展有限公司 纳税人识别号：101310112075189 地址、电话：无锡市中山路23号　0510-82676888 开户行及账号：中国工商银行无锡中山支行 　　　　　　　3200086754665466466	密码区	06*6906<4/+8490<+95-59+7<2434 987<0-->>-6>525<693719->7*787 *3187<4/+8490<+957086813809<7 12/<1+9016>3187++>84>93/-

货物或应税劳务名称	规格型号	单位	数量	单价	金额	税率	税额
滚针		只	200	3.35	670.00	17%	113.90
合计			200	3.35	670.00		113.90

价税合计（大写）	人民币柒佰捌拾叁元玖角整　　　（小写）¥783.90

销货单位	名　　　称：梁溪市迅达配件厂 纳税人识别号：320205685343605 地址、电话：永定路12号　0599-83367123 开户行及账号：梁溪市商业银行中山支行　0623187967456745000	备注	梁溪市迅达配件厂 发票专用章

收款人：姜宏　　　复核人：藏名　　　开票人：张相卫　　　销货单位：（章）

第二联：发票联　购货方记账凭证

图表 3-9

中国工商银行
转账支票存根（苏）

$\dfrac{GY}{02}$ 10815316

附加信息 _____
_____

出票日期：2017 年 1 月 1 日

收款人：梁溪市迅达配件厂

金额：¥783.90

用途：购材料

单位主管 缪建新　　会计 林海

图表 3-10

无锡市博朗贸易发展有限公司收料单

2017 年 1 月 1 日　　　　　　　　　　　　　　第 1001 号

供货单位：梁溪市远达配件厂
发票号码：0587286595　　　　材料大类：原材料　　　金额单位：元

材料编号	名称	规格	单位	数量		实际价格			计划价格	
				发票	实收	单价	金额	其中：运杂费	单价	金额
	漆针		只		200	3.35	670.00			

制单：王新　　　验收：黄玲　　　主管：张杰　　　记账：

第二联：财会记账联

图表 3-11

无锡市博朗贸易发展有限公司
采购资金借款单

借款部门：供应科　　　　　　　　　　　　　　　　　2017 年 1 月 1 日

物资名称及型号规格	单位	单价	数量	金额	供应单位
测试仪器	台	350.00	10	3 500.00	全称：南京东方电机有限公司 账号：3658912368589123688 开户银行：中国农业银行南京雨花台支行
事由	预付材料款				付款方式
请款数	（大写）伍仟元整（含增值税）				
实付数	（大写）伍仟元整（含增值税）				√电汇、信汇、汇票

审批：缪建新　　出纳：曹久凤　　部门主管：尹杰　　借款人：刘滨

图表 3-12

中国工商银行　电汇凭证（回单）　　　2

☑普通　□加急　　委托日期：2017 年 1 月 1 日　　第 903489 号

汇款人	全称	无锡市博朗贸易发展有限公司	收款人	全称	南京东方电机有限公司
	账号	3200086754665466466		账号	3658912368589123688
	汇出地点	江苏 省 梁溪 市/县		汇入地点	江苏 省 南京 市/县
	汇出行名称	中国工商银行无锡中山支行		汇入行名称	中国农业银行南京雨花台支行

金额	人民币（大写）	伍仟元整			千	百	十	万	千	百	十	元	角	分
								¥	5	0	0	0	0	0

（盖章：中国工商银行无锡中山支行 2017.01.01 办讫章（02））

支付密码：
附加信息及用途：预付货款

汇出行签章　　　　　　　　　　　复核：　　　记账：

此联是汇出行给汇款人的回单

图表 3-13

无锡市博朗贸易发展有限公司　费用报销单

	购物（或业务往来）日期：2017年1月1日		背面附原始凭证 2 张		
	内　容	发 票 号	单 价	数 量	金 额
1	银行代发12月份工资				127 779.00
2					
3					
备注：					
实报金额（大写）壹拾贰万柒仟柒佰柒拾玖元整		¥127 779.00			
审批 缪建新	稽核 林海		验收 黄玲	经手人	王风

报销日期：2017年1月1日

图表 3-14

中国工商银行
转账支票存根（苏）

$\dfrac{GY}{02}$10815316

附加信息

出票日期：2017年1月1日

收款人：无锡市博朗贸易发展有限公司 工资户

金额：¥127 779.00

用途：银行代发12月份工资

单位主管 缪建新　　　会计 林海

图表 3-15

工资结算汇总表

2017 年 1 月　　　　　　　　　　　　　　　　　　　　　单位：元

车间、部门		应付工资						代扣款项						实发工资
		计时工资	计件工资	加班工资	奖金	津贴补贴	缺勤扣款	合计	养老保险	公积金	医疗保险	失业保险	所得税	合计	
基本生产	生产工人	48 000	28 000	1 600	13 000	8 400	1 300	97 700	7 816	9 770	1 954	977	1 875	22 392	75 308
	管理人员	3 900		320	2 400	1 600		8 220	658	822	164	82	128	1 854	6 366
辅助生产	机修车间	3 450		360	1 475	1 375	160	6 500	520	650	130	65		1 365	5 135
	蒸汽车间	3 800		320	1 800	1 575	205	7 290	583	729	146	73		1 531	5 759
行政管理人员		10 600		1 300	6 645	5 770		24 315	1 945	2 432	486	243	540	5 646	18 669
销售人员		4 200			1 750	1 690		7 640	611	764	153	76	179	1 783	5 857
工程施工人员		8 800			2 900	2 375	280	13 795	1 103	1 379	276	138	214	3 110	10 685
合计		82 750	28 000	3 900	29 970	22 785	1 945	165 460	13 236	16 546	3 309	1 654	2 936	37 681	127 779

审批：缪建新　　　　　　　　制单：龚丽娜　　　　　　　　复核：林海

（注：按车间、部门编制的工资结算表共 7 张，从略）

图表 3-16

无锡市博朗贸易发展有限公司　费用报销单

购物（或业务往来）日期：2017 年 1 月 1 日　　　　背面附原始凭证　1 张

	内容	发票号	单价	数量	金额
1	报销独生子女幼托费	008160			300.00
2					
3					

备注：
实报金额（大写）人民币叁佰元整　　　　￥300.00

审批	缪建新	稽核	林海	验收	方越	经手人	邹明

报销日期：2017 年 1 月 1 日

图表 3-17

学杂费收据　　　　　　　　　　　　　　　No 008160

2017 年 1 月 1 日

姓名	邹方			中班	
托费	300.00	学费	—	代办费	—
大写金额	人民币叁佰元整				
备注	家长：邹明	梁溪市新开河幼儿园 财务专用章		现金付讫	

开票人（章）　　　　　　　　　　　收款人：赵磊

图表 3-18

无锡市博朗贸易发展有限公司　　出差费用报销单

出差事由	去南宁开会			填报日期：2017年1月1日					附件	14	张	
月/日	起止时间	起讫地点	车船费		途中补贴	住勤补贴		误餐补贴			旅馆费	市内交通费	行李搬运费	其他
			车次	金额	金额	天数	金额	中	晚	金额			
11/25	午时分 午时分	梁溪至南宁		1 200									
12/1	午时分 午时分	南宁至梁溪		1 210			440				1 100	220	
支出小计				2 410			440				1 100	220	
预支金额	5 000.00	应付(退√)金额	830.00		支出金额（大写）	人民币肆仟壹佰柒拾元整					转账讫		
领导审核	缪建新		报销人签章	徐良		说明							

（差旅费报销单后所附的原始凭证略）

图表 3-19

收 据　　No 00040597
2017 年 1 月 1 日

交款单位	徐良	收款方式	现金	代收款凭证
人民币（大写）	捌佰叁拾元整	¥830.00		
收款事由	收回多余借款	现金收讫　2017年1月1日		

财会主管：　　　记账：　　　出纳：洪娜　　　审核经办：方红

（三）实训要求

1．审核原始凭证（见图表 3-1～图表 3-19）并判断经济业务内容。

2．根据原始凭证编制专用记账凭证（见图表 3-20～图表 3-31），并将原始凭证整理后附后。

【实训准备】

为每位学生准备以下材料：专用记账凭证 12 张（收款凭证 4 张，付款凭证 6 张，转账凭证 2 张）；记账凭证封面 1 套（封面与封底）；回形针（或大头针）每人 12 个。

图表 3-20

收款凭证

借方科目：　　　　　　　　　　　年　月　日　　　　　　＿＿＿收字第　号

摘要	贷方科目	明细科目	金　额							
			十	万	千	百	十	元	角	分
合　计										

附单据　　张

会计主管：　　　记账：　　　出纳：　　　复核：　　　制单：

图表 3-21

付款凭证

贷方科目：　　　　　　　　　　　年　月　日　　　　　　＿＿＿付字第　号

摘要	借方科目	明细科目	金　额							
			十	万	千	百	十	元	角	分
合　计										

附单据　　张

会计主管：　　　记账：　　　出纳：　　　复核：　　　制单：

图表 3-22

收款凭证

借方科目：　　　　　　　　　　　年　月　日　　　　　　＿＿＿收字第　号

摘要	贷方科目	明细科目	金　额							
			十	万	千	百	十	元	角	分
合　计										

附单据　　张

会计主管：　　　记账：　　　出纳：　　　复核：　　　制单：

图表 3-23

收款凭证

借方科目：			年 月 日						收字第 号			
摘要	贷方科目	明细科目	金 额									
			十	万	千	百	十	元	角	分		
												附单据 张
合　　计												

会计主管：　　　记账：　　　出纳：　　　复核：　　　制单：

图表 3-24

付款凭证

贷方科目：			年 月 日						付字第 号			
摘要	借方科目	明细科目	金 额									
			十	万	千	百	十	元	角	分		
												附单据 张
合　　计												

会计主管：　　　记账：　　　出纳：　　　复核：　　　制单：

图表 3-25

付款凭证

贷方科目：			年 月 日						付字第 号			
摘要	借方科目	明细科目	金 额									
			十	万	千	百	十	元	角	分		
												附单据 张
合　　计												

会计主管：　　　记账：　　　出纳：　　　复核：　　　制单：

图表 3-26

付款凭证

贷方科目：　　　　　　　　　　年　月　日　　　　　＿＿付字第　号

摘要	借方科目	明细科目	金　额							
			十	万	千	百	十	元	角	分
合　　计										

附单据　张

会计主管：　　　记账：　　　出纳：　　　复核：　　　制单：

图表 3-27

付款凭证

贷方科目：　　　　　　　　　　年　月　日　　　　　＿＿付字第　号

摘要	借方科目	明细科目	金　额							
			十	万	千	百	十	元	角	分
合　　计										

附单据　张

会计主管：　　　记账：　　　出纳：　　　复核：　　　制单：

图表 3-28

付款凭证

贷方科目：　　　　　　　　　　年　月　日　　　　　＿＿付字第　号

摘要	借方科目	明细科目	金　额							
			十	万	千	百	十	元	角	分
合　　计										

附单据　张

会计主管：　　　记账：　　　出纳：　　　复核：　　　制单：

图表 3-29

转账凭证

年　月　日　　　　　　转字　第　号

摘要	借方		√	贷方		√	金额								
	总账科目	明细科目		总账科目	明细科目		十	万	千	百	十	元	角	分	
															附单据
															张
合　　计															

会计主管：　　　记账：　　　出纳：　　　复核：　　　制单：

图表 3-30

转账凭证

年　月　日　　　　　　转字　第　号

摘要	借方		√	贷方		√	金额								
	总账科目	明细科目		总账科目	明细科目		十	万	千	百	十	元	角	分	
															附单据
															张
合　　计															

会计主管：　　　记账：　　　出纳：　　　复核：　　　制单：

图表 3-31

收款凭证

借方科目：　　　　　　年　月　日　　　　　　___收字　第　号

摘要	贷方科目	明细科目	金额							
			十	万	千	百	十	元	角	分
合　　计										

会计主管：　　　记账：　　　出纳：　　　复核：　　　制单：

实训 2 记账凭证的审核与装订

（一）实训目的

1．会审核记账凭证。
2．会装订记账凭证。

（记账凭证装订）

（二）实训资料

2017 年 1 月 1 日，该企业制单员华刚编制的记账凭证如实训 1 所示。

（三）实训要求

1．同桌互相审核根据实训 1 编制的记账凭证并在复核处签字。
2．把实训 1 编制的专用记账凭证进行装订并填写记账凭证封面与包角纸。

【实训准备】

为每位学生准备以下材料：记账凭证的封面与封底，包角纸 1 个；准备以下工具：装订线，胶水，打孔机，印泥与骑缝章。

记账凭证的填制与审核项目评价表

评 价 项 目	分 值	评 分	备 注
业务 1：记账凭证的编制	6		
业务 2：记账凭证的编制	6		
业务 3：记账凭证的编制	6		
业务 4：记账凭证的编制	6		
业务 5：记账凭证的编制	6		
业务 6：记账凭证的编制	6		
业务 7：记账凭证的编制	6		
业务 8：记账凭证的编制	6		
业务 9：记账凭证的编制	8		
业务 10：记账凭证的编制	8		
记账凭证的审核	12		
记账凭证的装订	12		
态度与独立完成情况	12		组长评价
合　　计	100		

项目 4

账簿的登记

通过本项目的学习,你能够:
1. 掌握日记账的登记方法。
2. 掌握明细账的登记方法。
3. 掌握总账的登记方法。

实训 1　日记账的登记

（一）实训目的

1. 会根据审核无误的记账凭证登记现金日记账、银行存款日记账。
2. 会进行日记账的日结和月结；会对日记账进行转页处理。

（二）实训资料

1.无锡市博朗股份有限公司 2017 年 5 月份现金日记账的发生额及结存金额如下。

（1）以下是现金日记账第 34 页第一行的资料。①时间：5 月 31 日；②摘要："承上页"；③借方金额：87 250 元；④贷方金额：86 848 元；⑤借方余额：4 770 元。

（2）5 月份结账时收入（借方）发生额是 110 650 元，付出（贷方）发生额是 108 667 元，月末结存金额是 6 351 元（库存限额是 15 000 元）。

（3）2017 年 6 月，制单员朱刚根据 6 月 1 日的现金收支业务填制记账凭证（见图表 4-1～图表 4-3）（注：为节约版面，图表 4-3 所示为简化记账凭证）。

图表 4-1

付款凭证

贷方科目：*库存现金*　　　　*2017 年 6 月 1 日*　　　　现付字第 *1* 号

摘　要	借方科目	明细科目	金　额								√
			十	万	千	百	十	元	角	分	
支付备用金	其他应收款	杨影			3	0	0	0	0	0	
	合　　计		¥		3	0	0	0	0	0	

附单据 *1* 张

会计主管：　　记账：　　出纳：*王风*　　复核：*沈盈*　　制单：*朱刚*

图表 4-2

收款凭证

借方科目：库存现金　　　　2017 年 6 月 1 日　　　　银付字第 1 号

摘要	贷方科目	明细科目	十万	万	千	百	十	元	角	分	√
提取现金	银行存款	基本户		1	0	0	0	0	0	0	
合	计		¥	1	0	0	0	0	0	0	

附单据 1 张

会计主管：　　　记账：　　　出纳：王凤　　　复核：沈盖　　　制单：朱刚

图表 4-3

简化记账凭证

时间	编号	摘要	会计分录	记账符号
6.1	现付 2	职工报销培训费	借：应付职工薪酬——教育经费　　1 450 　贷：库存现金　　　　　　　　　　　　1 450	
6.1	现付 3	空调修理费	借：管理费用——修理费　　　　　650 　贷：库存现金　　　　　　　　　　　　　650	
6.1	现付 3	购入 A4 纸	借：管理费用——办公费　　　　　820 　贷：库存现金　　　　　　　　　　　　　820	
6.1	现付 4	职工报销幼托费	借：应付职工薪酬——教育经费　　600 　贷：库存现金　　　　　　　　　　　　　600	
6.1	现收 1 转账 1	收回多余备用金 报销差旅费	借：库存现金　　　　　　　　　　320 　贷：其他应收款——备用金　　　　　　320 借：管理费用——差旅费　　　　1 680 　贷：其他应收款——备用金　　　　　1 680	
6.1	现收 2	零星销售商品	借：库存现金　　　　　　　　　　936 　贷：主营业务收入　　　　　　　　　　800 　　　应交税费——应交增值税（销项税额）　136	
6.1	现收 3	销售材料收入	借：库存现金　　　　　　　　　374.40 　贷：其他业务收入　　　　　　　　　　320 　　　应交税费——应交增值税（销项税额）　54.40	
6.1	现付 5	业务招待费	借：管理费用——业务招待费　　1 760 　贷：库存现金　　　　　　　　　　　　1 760	
6.1	现收 4	职工交来赔款	借：库存现金　　　　　　　　　　450 　贷：其他应收款——李伟　　　　　　　450	
6.1	现付 6	销售款存入银行	借：银行存款——基本户　　　1 310.40 　贷：库存现金　　　　　　　　　　　1 310.40	

2. 无锡市博朗股份有限公司银行存款日记账（基本户）2017年6月份的发生额及结存金额如下。

（1）银行存款日记账6月1日余额为1 423 687元。

（2）以下是银行存款日记账第48页第一行的资料。①时间：6月29日；②摘要："承上页"；③借方金额：736 890.20元；④贷方金额：627 812元；⑤借方余额：1 532 765.20元。

（3）2017年6月，制单员朱刚根据6月30日的银行收支业务填制记账凭证（见图表4-4～图表4-6）（注：为节约版面，图表4-8为简化记账凭证）。

图表4-4

付款凭证

贷方科目：*银行存款*　　　　　　*2017年6月30日*　　　　　　银付字第*58*号

摘要	借方科目	明细科目	金额 十	万	千	百	十	元	角	分	√
办理银行汇票	其他货币资金	汇票存款		2	0	0	0	0	0	0	
合计			￥	2	0	0	0	0	0	0	

会计主管：　　　记账：　　　出纳：*王风*　　　复核：*沈盈*　　　制单：*朱刚*

图表4-5

收款凭证

借方科目：*银行存款*　　　　　　*2017年6月30日*　　　　　　银收字第*21*号

摘要	贷方科目	明细科目	金额 十	万	千	百	十	元	角	分	√
收回前欠货款	应收账款	华东机械		6	0	0	0	0	0	0	
合计			￥	6	0	0	0	0	0	0	

会计主管：　　　记账：　　　出纳：*王风*　　　复核：*沈盈*　　　制单：*朱刚*

图表 4-6

简化记账凭证

时间	编号	摘要	会计分录		记账符号
6.30	银收 22	销售商品	借：银行存款——基本户 　贷：主营业务收入 　　　应交税费——应交增值税（销项税额）	146 250 125 000 21 250	
6.30	银付 59	付第二季度利息	借：应付利息 　　财务费用 　贷：银行存款——基本户	23 000 15 783 38 783	
6.30	银付 60	付第三季度保险费	借：预付账款——太平洋保险公司 　贷：银行存款——基本户	45 000 45 000	
6.30	银收 23	预收货款	借：银行存款——基本户 　贷：预收账款——东方制造	250 000 250 000	
6.30	银收 24	上页汇票款入账	借：银行存款——基本户 　贷：应收票据——广发贸易	150 000 150 000	
6.30	银付 61	购入材料	借：原材料——方钢 　　应交税费——增值税（进项税额） 　贷：银行存款——基本户	186 000 31 620 217 620	
6.30	银收 25	利息收入	借：银行存款——基本户 　贷：财务费用——利息	1 456.86 1 456.86	
6.30	银付 62	提取现金	借：库存现金 　贷：银行存款——基本户	20 000 20 000	
6.30	银付 63	承付托收款	借：在途物资——圆钢 　　应交税费——应交增值税 　贷：银行存款——基本户	96 000 16 320 112 320	
6.30	银付 64	购进设备	借：在建工程——T3 机床 　　应交税费——应交增值税（进项税额） 　贷：银行存款——基本户	276 000 46 920 322 920	

（三）实训要求

1. 现金日记账登记要求

（1）根据资料登记现金日记账，在现金日记账第 34 页（见图表 4-7）第一行登记承上页金额。

（2）在现金日记账第 34 页（见图表 4-7）第 12 行登记 5 月份的发生额及结存金额并画通栏红线。

（3）根据 6 月 1 日的记账凭证登记库存现金日记账（见图表 4-7 和图表 4-8）。

（4）账页记满时，应办理转页手续。

（5）结出 6 月 1 日的发生额及结存金额并画通栏红线。

（现金日记账）

2. 银行存款日记账登记要求

（1）根据资料登记银行存款日记账，在银行存款日记账第48页（见图表4-9）第一行登记"承上页"金额。

（银行存款日记账）

（2）根据6月30日的记账凭证登记银行存款日记账。

（3）账页记满时，应办理转页手续。

（4）结出6月30日的发生额及结存金额并画通栏红线。

（5）结出6月份的发生额及结存金额并画通栏红线。

【实训准备】

为每个学生准备的材料：现金日记账账页2张，假定页数为第34、第35页；银行存款日记账账页1张，假定页数为第48页。

图表4-7

现金日记账　　34

金额单位：元

年		凭证号数	对方科目	摘　要	收入（借方）金额	付出（贷方）金额	结存金额
月	日						
				承上页			
				过次页			

图表 4-8

现金日记账

35

金额单位：元

年		凭证号数	对方科目	摘要	收入（借方）金额	付出（贷方）金额	结存金额
月	日						
				承上页			
				过次页			

图表 4-9

银行存款日记账

48

金额单位：元

年		凭证号数	对方科目	摘　要	收入（借方）金额	付出（贷方）金额	结存金额
月	日						
				承上页			
				过次页			

实训 2 明细账的登记

（一）实训目的

1. 会根据审核无误的记账凭证登记三栏式明细账。
2. 会根据审核无误的记账凭证登记数量金额式明细账。
3. 会根据审核无误的记账凭证登记多栏式明细账。

（二）实训资料

1. 东北贸易有限公司 2017 年 4 月月初的"应收账款——大兴公司"账户的借方本年累计发生额为 560 000.00 元，贷方本年累计发生额为 536 000.00 元，期初余额借方为 70 000.00 元，详细业务如图表 4-10～图表 4-12 所示。

图表 4-10

转账凭证

2017 年 4 月 12 日　　　　　　　　　　　　　　　　　　　转字第 12 号

摘要	总账科目	明细科目	√	借方金额										√	贷方金额										
				千	百	十	万	千	百	十	元	角	分		千	百	十	万	千	百	十	元	角	分	
销售乙醇	应收账款	大兴公司				4	6	8	0	0	0	0													附单据3张
	主营业务收入	乙醇																4	0	0	0	0	0	0	
	应交税费	应交增值税（销项税额）																	6	8	0	0	0	0	
合计				¥		4	6	8	0	0	0	0			¥		4	6	8	0	0	0	0	

财务主管：　　　记账：　　　出纳：　　　复核：林玲　　　制单：周周

图表 4-11

收款凭证

借方科目：银行存款　　　　2017 年 4 月 15 日　　　　　　　银收字第 13 号

摘要	贷方总账科目	明细科目	记账符号	金额 千 百 十 万 千 百 十 元 角 分	附单据
收到上月欠款	应收账款	大兴公司		4 0 0 0 0 0 0	1张
合　　计				¥　　4 0 0 0 0 0 0	

财务主管：　　　　记账：　　　　出纳：张三　　　　复核：林玲　　　　制单：周同

图表 4-12

转账凭证

2017 年 4 月 16 日　　　　　　　　　　　　转字第 17 号

摘要	总账科目	明细科目	√	借方金额 千 百 十 万 千 百 十 元 角 分	√	贷方金额 千 百 十 万 千 百 十 元 角 分	附单据
销售乙醚	应收账款	大兴公司		2 3 4 0 0 0 0			2张
	主营业务收入	乙醚				2 0 0 0 0 0 0	
	应交税费	应交增值税（销项税额）				3 4 0 0 0 0	
合计				¥　2 3 4 0 0 0 0		¥　2 3 4 0 0 0 0	

财务主管：　　　　记账：　　　　出纳：　　　　复核：林玲　　　　制单：周同

2. 东北贸易有限公司 2017 年 4 月月初"原材料——乙醚"账户的借方本年累计发生额为 1 100 000.00 元，数量为 5 500 吨，贷方本年累计发生额为 1 000 000.00 元，数量为 5 000 吨，期初借方余额为 120 000.00 元，数量为 600 吨，单价为 200.00 元（见图表 4-11～图表 4-16）。

图表 4-13

付款凭证

贷方科目：**银行存款**　　　　　　*2017* 年 *4* 月 *2* 日　　　　　　银付字第 *2* 号

摘要	借方总账科目	明细科目	记账符号	金额 千 百 十 万 千 百 十 元 角 分
购进乙醚	原材料	乙醚		4 0 0 0 0 0
	应交税费	应交增值税（进项税额）		6 8 0 0 0 0
合　计				￥ 4 6 8 0 0 0 0

附单据 3 张

财务主管：　　　记账：　　　出纳：**张三**　　　复核：**林玲**　　　制单：**周冈**

图表 4-14

转账凭证

2017 年 *4* 月 *4* 日　　　　　　转字第 *4* 号

摘要	总账科目	明细科目	√	借方金额 千 百 十 万 千 百 十 元 角 分	√	贷方金额 千 百 十 万 千 百 十 元 角 分
购进乙醚	原材料	乙醚		8 0 0 0 0 0		
	应交税费	应交增值税（销项税额）		1 3 6 0 0 0		
	应付账款	亚太公司				9 3 6 0 0 0
合计				￥ 9 3 6 0 0 0		￥ 9 3 6 0 0 0

附单据 2 张

财务主管：　　　记账：　　　出纳：　　　复核：**林玲**　　　制单：**周冈**

图表 4-15

转账凭证

2017 年 4 月 5 日　　　　　　　　　　　　　　转字第 6 号

摘要	总账科目	明细科目	√	借方金额 千百十万千百十元角分	√	贷方金额 千百十万千百十元角分
购进乙醇	原材料	乙醇		1 2 0 0 0 0 0 0		
	应交税费	应交增值税（销项税额）		2 0 4 0 0 0 0		
	应付账款	梅林公司				1 4 0 4 0 0 0 0
合计				¥ 1 4 0 4 0 0 0 0		¥ 1 4 0 4 0 0 0 0

附单据 2 张

财务主管：　　　记账：　　　出纳：　　　复核：林玲　　　制单：周周

图表 4-16

转账凭证

2017 年 4 月 15 日　　　　　　　　　　　　　转字第 16 号

摘要	总账科目	明细科目	√	借方金额 千百十万千百十元角分	√	贷方金额 千百十万千百十元角分
领用乙醇	生产成本			1 6 0 0 0 0 0 0		
	原材料	乙醇				1 6 0 0 0 0 0 0
合计				¥ 1 6 0 0 0 0 0 0		¥ 1 6 0 0 0 0 0 0

附单据 1 张

财务主管：　　　记账：　　　出纳：　　　复核：林玲　　　制单：周周

3. 东北贸易有限公司 2017 年 4 月管理费用相关资料如图表 4-17～图表 4-20 所示。

图表 4-17

付款凭证

贷方科目：**库存现金**　　　　　2017 年 4 月 2 日　　　　　　现付字第 04 号

摘 要	借方总账科目	明细科目	记账符号	金 额 （千 百 十 万 千 百 十 元 角 分）
报销办公用品费用	管理费用	办公费		3 9 0 0 0
合　计				￥ 　3 9 0 0 0

附单据 2 张

财务主管：　　　记账：　　　出纳：张三　　　审核：林玲　　　制单：周同

图表 4-18

付款凭证

贷方科目：**银行存款**　　　　　2017 年 4 月 4 日　　　　　　银付字第 11 号

摘 要	借方总账科目	明细科目	记账符号	金 额 （千 百 十 万 千 百 十 元 角 分）
支付办公用品维修费用	管理费用	修理费		5 8 5 0 0
合　计				￥ 　5 8 5 0 0

附单据 2 张

财务主管：　　　记账：　　　出纳：张三　　　审核：林玲　　　制单：周同

图表 4-19

付款凭证

贷方科目：*银行存款*　　　　　*2017* 年 *4* 月 *7* 日　　　　　银付字第 *22* 号

摘要	借方总账科目	明细科目	记账符号	金额 千 百 十 万 千 百 十 元 角 分	附单据
报销上月通信费	管理费用	通信费		1 1 3 0 5 0	2 张
合　　计				¥ 　1 1 3 0 5 0	

财务主管：　　　记账：　　　出纳：*张三*　　　审核：*林玲*　　　制单：*周周*

图表 4-20

付款凭证

贷方科目：*银行存款*　　　　　*2017* 年 *4* 月 *9* 日　　　　　银付字第 *29* 号

摘要	借方总账科目	明细科目	记账符号	金额 千 百 十 万 千 百 十 元 角 分	附单据
支付上月水电费	制造费用	水电费		7 8 4 0 0 0	2 张
	应交税费	应交增值税（进项税额）		1 3 3 2 8 0	
	管理费用	水电费		1 5 7 0 0 0	
合　　计				¥ 　1 0 7 4 2 8 0	

财务主管：　　　记账：　　　出纳：*张三*　　　审核：*林玲*　　　制单：*周周*

（三）实训要求

1．根据相关资料登记"应收账款——大兴公司"明细账并进行结账（见图表 4-21）。

2．根据相关资料登记"原材料——乙醚"明细账并进行结账（本公司材料领用按先进先出法核算），根据相关资料登记"原材料——乙醚"明细账并进行结账。（提示：乙醚所有的进价和出库单价都是 200.00 元/吨，如图表 4-22 所示）。

3．根据相关资料登记 1-10 日管理费用明细账（见图表 4-23）。

图表 4-21

本账页数	
本户页数	

明细账

________科 目________ ________科 目________

年		凭证号数	摘要	对方科目	借方										贷方										借或贷	余额									
月	日				千	百	十	万	千	百	十	元	角	分	千	百	十	万	千	百	十	元	角	分		千	百	十	万	千	百	十	元	角	分

图表 4-22

原材料明细账

最高存量 2500
最低存量 500
编号 001 规格 A 单位（ ）名称

本账页数	
本户页数	

年		凭证号数	摘要	账页	数量	单价	借方金额									数量	单价	贷方金额									数量	单价	结存金额									稽核
月	日						百	十	万	千	百	十	元	角	分			百	十	万	千	百	十	元	角	分			百	十	万	千	百	十	元	角	分	

图表 4-23

管理费用明细账

2017年		凭证号数	摘要	借方	贷方	方向	余额	借方金额												
月	日							职工薪酬	差旅费	办公费	水电费	修理费	汽油费	折旧费	材料费	通信费	业务招待费	租赁费	职工教育经费	财产保险费	路桥费	其他费用

实训3　总账的登记

（一）实训目的

会根据审核无误的资料登记总账。

（二）实训资料

东北贸易有限公司2017年4月科目汇总表如图表4-24所示。

图表4-24

科目汇总表

2017年4月1日至4月30日

编号：04		附件共10张
凭证号数	计	第001号至010号共10张
		第　号至　号共　张
		第　号至　号共　张

科目名称	金额合计借方	金额合计贷方
库存现金		10 000.00
银行存款	160 000.00	150 000.00
应收账款		100 000.00
库存商品	100 000.00	
短期借款	100 000.00	50 000.00
应付账款	50 000.00	100 000.00

（三）实训要求

根据相关资料登记应收账款总分类账（见图表 4-25）。

图表 4-25

总分类账　　　　　　　　　　　　　　　　　　　　　　　　　　　　　　1

科目 __应收账款__

2017年		凭证编号	摘要	借方									贷方									借或贷	余额								
月	日			千	百	十	万	千	百	十	元	角	分	千	百	十	万	千	百	十	元	角	分		千	百	十	万	千	百	十	元	角	分
01	01		上年结转																					借			1	5	0	0	0	0	0	0
01	31	科汇01	1月份科目汇总表				3	5	0	0	0	0	0				4	5	0	0	0	0	0	借				5	0	0	0	0	0
02	28	科汇02	2月份科目汇总表				4	0	0	0	0	0	0				2	0	0	0	0	0	0	借			2	5	0	0	0	0	0
03	31	科汇03	3月份科目汇总表				2	5	0	0	0	0	0				2	5	0	0	0	0	0	借			2	5	0	0	0	0	0

账簿的登记项目评价表

评 价 项 目	分 值	评 分	备 注
现金日记账承上页与过次页	3		
现金日记账 5 月份的结账	3		
现金日记账 6 月 1 日的登记	12		
现金日记账 6 月 1 日的结账	2		
银行存款日记账承上页与过次页	3		
银行存款日记账 6 月 30 日的登记	12		
银行存款日记账 6 月 30 日的结账	2		
银行存款日记账 6 月份的结账	3		
三栏式明细账的登记	10		
数量金额式明细账的登记	10		
多栏式明细账的登记	10		
总账登记	10		
页面整洁	5		
书写规范	5		
态度与独立完成情况	10		组长评价
合 计	100		

项目 5

错账更正

通过本项目的学习,你能够:
1. 掌握红字更正法。
2. 掌握补充登记法。

实训 1 红字更正法

（红字更正法）

（一）实训目的

能运用红字更正法进行错账更正。

（二）实训资料

2017 年，无锡远易有限公司部分记账凭证与原始凭证相核对时发现如下错误。

【业务 1】 2017 年 4 月 30 日，无锡远易有限公司发现 2017 年 4 月 1 日车间生产产品领用原材料 4 500.00 元，相应的记账凭证编制有误（见图表 5-1～图表 5-3）。

图表 5-1

记账凭证

2017 年 4 月 1 日　　　　　记字 第 010 号

摘 要	总账科目	明细科目	√	借方金额 十 万 千 百 十 元 角 分	贷方金额 十 万 千 百 十 元 角 分
领用原材料	制造费用			4 5 0 0 0 0	
	原材料	钛合金			4 5 0 0 0 0
合　　计				¥ 　4 5 0 0 0 0	¥ 　4 5 0 0 0 0

附单据 2 张

会计主管：白莉莉　　记账：张雷　　出纳：　　复核：林如是　　制单：华莎

图表 5-2

领 料 单

领料部门：生产车间
用　　途：生产钢材　　2017 年 4 月 1 日　　02 第 10 号

材料			单位	数量		成本	
编号	名称	规格		请领	实发	单价	总价 十 万 千 百 十 元 角 分
02	钛合金		千克	450	450		
合计							

部门经理：马永寿　　会计：林天爱　　仓库：李明　　经办人：朱俊

图表 5-3

发出材料计算表

材料品名	计量单位	期初结存数量	本期购入数量	期初结存金额	本期购入金额	单位成本	生产耗用 钢材	
							数量	金额
钛合金	Kg	200	1 000	2 000.00	10 000.00	10.00	450	4 500.00

审核：林如是　　　　　　　　　　　　　　　　　　制表：林天爱

【业务2】2017年8月31日，无锡远易有限公司发现记账凭证编制有误（见图表5-4～图表5-7）。

图表 5-4

记账凭证

2017年8月1日　　　　　　　　记字　第 022 号

摘要	总账科目	明细科目	√	借方金额								贷方金额							
				十	万	千	百	十	元	角	分	十	万	千	百	十	元	角	分
支付第四季度	生产成本				5	3	0	0	0	0	0								
管理部门财产	银行存款	中国工商银行梁溪台山支行											5	3	0	0	0	0	0
保险费																			
合　计				¥	5	3	0	0	0	0	0	¥	5	3	0	0	0	0	0

附单据 3 张

会计主管：白莉莉　　记账：张雷　　出纳：　　复核：林如是　　制单：华莎

图表 5-5

中国工商银行　进账单（收账通知）　1

2017年8月1日

出票人	全　称	无锡远易有限公司	收款人	全　称	中国人民保险公司无锡分公司								
	账　号	320008675466000121		账　号	6001623600222555489								
	开户银行	中国工商银行梁溪台山支行		开户银行	中国工商银行梁溪台山支行								
金额	人民币（大写）	伍万叁仟元整			千	百	十	万	千	百	十	元	角	分
							¥	5	3	0	0	0	0	0
票据种类	转账支票	票据张数	1	中国工商银行梁溪台山支行 开户银行签章 2017.08.01 转讫（02）									
票据号码	05400945												
复核　　　　　　记账													

此联是收款人开户银行交给收款人的收账通知

图表 5-6

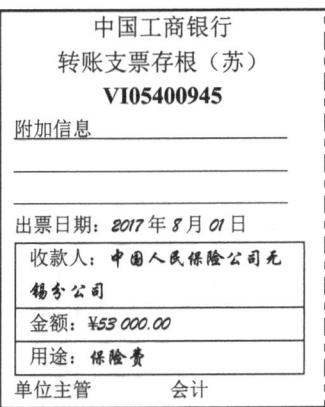

```
         中国工商银行
      转账支票存根（苏）
       VI05400945
   附加信息ㅤㅤㅤㅤㅤㅤㅤㅤㅤㅤ
   ㅤㅤㅤㅤㅤㅤㅤㅤㅤㅤㅤㅤㅤㅤ
   ㅤㅤㅤㅤㅤㅤㅤㅤㅤㅤㅤㅤㅤㅤ
   出票日期：2017 年 8 月 01 日
   收款人： 中国人民保险公司无
           锡分公司
   金额：￥53 000.00
   用途：保险费
   单位主管ㅤㅤㅤㅤ会计
```

图表 5-7

3000562100　　　　　江苏省增值税专用发票　　　　No 06913858

发 票 苏 联　　　　　开票日期：2017 年 8 月 1 日

购货单位	名　称：	无锡远易有限公司				密码区	06*6906<4/+8490<+95-59+7<24349 87<0-->>-6>525<693719->7*787*3 187<4/+8490<+957086813809<712/ <1+9016>3187++>84>93/-		
	纳税人识别号：	320009182564782							
	地址、电话：	梁溪市台山路 98 号　0599-82676888							
	开户行及账号：	中国工商银行梁溪台山支行　320008675466000121							
货物或应税劳务名称		规格型号	单位	数量	单价	金额	税率	税额	
保险费						50 000.00	6%	3 000.00	
合计						￥50 000.00		3 000.00	
价税合计（大写）		人民币伍万叁仟元整				（小写）￥53 000.00			
销货单位	名　称：	中国人民保险公司无锡分公司				备注	中国人民保险公司无锡分公司 财务专用章		
	纳税人识别号：	320207854326300							
	地址、电话：	永丰路 8 号　0599-86327321							
	开户行及账号：	中国工商银行梁溪台山支行　6001623600222555489							

收款人：　　　　复核人：　　　　开票人：朱平　　　　销货单位：（章）

【业务3】 2017年9月30日，无锡远易有限公司发现记账凭证编制有误（见图表5-8～图表5-10）。

图表5-8

记账凭证

2017年9月10日　　　　记字 第 032 号

摘要	总账科目	明细科目	√	借方金额 十万千百十元角分	贷方金额 十万千百十元角分	附单据
行政部购买	制造费用	办公费		1 1 7 0 0 0		1张
办公用品	库存现金				1 1 7 0 0 0	
合　计				¥ 1 1 7 0 0 0	¥ 1 1 7 0 0 0	

会计主管：白莉莉　　记账：张雷　　出纳：　　复核：林如是　　制单：华梦

图表5-9

江苏省增值税专用发票

4000562100　　　　　　　　　　　　　　　No 06913858

开票日期：2017年9月10日

购货单位	名称：无锡远易有限公司 纳税人识别号：320009182564782 地址、电话：梁溪市台山路98号 0599-82676888 开户行及账号：中国工商银行梁溪台山支行 320008675466000121	密码区	06*6906<4/+8490<+-95-59+7<24349 87<0-->>-6>525<693719>>7*787*3 187<4/+8490<+957086813809<712/ <1+9016>3187++<84>93/-

货物或应税劳务名称	规格型号	单位	数量	单价	金额	税率	税额
订书机		个	40	25.00	1000.00	17%	170.00
合计					¥1000.00		170.00

价税合计（大写）	人民币壹仟壹佰柒拾元整	（小写）¥1170.00

销货单位	名称：无锡天启商贸有限公司 纳税人识别号：207854326300000 地址、电话：乐天路8号 0599-88632732 开户行及账号：中国工商银行梁溪台山支行 6001623600222555498	备注	无锡天启商贸有限公司 财务专用章

收款人：　　复核人：　　开票人：张平　　销货单位：（章）

图表5-10

无锡远易有限公司 费用报销单

购物（或业务往来）日期：2017年9月10日　　背面附原始凭证 1 张

	内容	发票号	单价	数量	金额
1	办公用品	06913858			1170.00
2		现金付讫			
3					

备注：行政部

实报金额（大写）人民币壹仟壹佰柒拾元整　　　　　　¥1170.00

审批：缪建新　　稽核：林海　　验收：张玲　　经手人：邱明

【业务 4】 2017 年 10 月 31 日，无锡远易有限公司发现记账凭证编制有误（见图表 5-11～图表 5-12）。

图表 5-11

记账凭证

2017 年 10 月 10 日　　　　　　　　记字　第 042 号

摘要	总账科目	明细科目	√	借方金额 十万千百十元角分	贷方金额 十万千百十元角分
购买办公用品	管理费用	办公费		4 8 6 0 0	
	库存现金				4 8 6 0 0
合　计				¥ 4 8 6 0 0	¥ 4 8 6 0 0

附单据 1 张

会计主管：白莉莉　　记账：张雷　　出纳：　　复核：林如是　　制单：华莎

图表 5-12

8000562100　　　江苏省增值税专用发票　　　No 06913858

开票日期：2017 年 10 月 10 日

购货单位	名　称：无锡远易有限公司 纳税人识别号：320009182564782 地址、电话：梁溪市台山路 98 号　0599-82676888 开户行及账号：中国工商银行梁溪台山支行　320008675466000121	密码区	06*6906<4/+8490<+95-59+7<24349 87<0-->>-6>525<693719->7*787*3 187<4/+8490<+957086813809<712/ <1+9016>3187++>84>93/-

货物或应税劳务名称	规格型号	单位	数量	单价	金额	税率	税额
文件袋		个	40	10.00	400.00	17%	68.00
合计					¥400.00		68.00

价税合计（大写）	人民币肆佰陆拾捌元整	（小写）¥468.00

销货单位	名　称：无锡天启商贸有限公司 纳税人识别号：207854326300000 地址、电话：乐天路 8 号　0599-88632732 开户行及账号：中国工商银行梁溪台山支行　6001623600222555498	备注	无锡天启商贸有限公司 财务专用章

收款人：　　复核人：　　开票人：张平　　销货单位：（章）

第二联：发票联　购货方记账凭证

（三）实训要求

1．根据【业务 1】填制红字凭证进行冲销，并编制正确的记账凭证（见图表 5-13、图表 5-14，凭证编号为 011、012）。

2．根据【业务 2】填制红字凭证进行冲销，并编制正确的记账凭证（见图表 5-15、图表 5-16，凭证编号为 023、024）。

3．根据【业务 3】填制红字凭证进行冲销，并编制正确的记账凭证（见图表 5-17、

图表 5-18，凭证编号为 033、034）。

4. 根据【业务 4】填制红字凭证进行冲销（见图表 5-19，凭证编号为 043）。

图表 5-13

记账凭证

年　月　日　　　　　　　　　　字　第　号

摘　要	总账科目	明细科目	√	借方金额									贷方金额									附单据　　张
				十	万	千	百	十	元	角	分	十	万	千	百	十	元	角	分	
合　计																				

会计主管：　　　　记账：　　　　出纳：　　　　复核：　　　　制单：

图表 5-14

记账凭证

年　月　日　　　　　　　　　　字　第　号

摘　要	总账科目	明细科目	√	借方金额									贷方金额									附单据　　张
				十	万	千	百	十	元	角	分	十	万	千	百	十	元	角	分	
合　计																				

会计主管：　　　　记账：　　　　出纳：　　　　复核：　　　　制单：

图表 5-15

记账凭证

年　月　日　　　　　　　　　　字　第　号

摘　要	总账科目	明细科目	√	借方金额									贷方金额									附单据　　张
				十	万	千	百	十	元	角	分	十	万	千	百	十	元	角	分	
合　计																				

会计主管：　　　　记账：　　　　出纳：　　　　复核：　　　　制单：

图表 5-16

记账凭证

年　月　日　　　　　　　　字　第　号

摘　要	总账科目	明细科目	√	借方金额									贷方金额									
				十	万	千	百	十	元	角	分	十	万	千	百	十	元	角	分	
																				附
																				单
																				据
	合　计																			张

会计主管：　　　记账：　　　出纳：　　　复核：　　　制单：

图表 5-17

记账凭证

年　月　日　　　　　　　　字　第　号

摘　要	总账科目	明细科目	√	借方金额									贷方金额									
				十	万	千	百	十	元	角	分	十	万	千	百	十	元	角	分	
																				附
																				单
																				据
	合　计																			张

会计主管：　　　记账：　　　出纳：　　　复核：　　　制单：

图表 5-18

记账凭证

年　月　日　　　　　　　　字　第　号

摘　要	总账科目	明细科目	√	借方金额									贷方金额									
				十	万	千	百	十	元	角	分	十	万	千	百	十	元	角	分	
																				附
																				单
																				据
	合　计																			张

会计主管：　　　记账：　　　出纳：　　　复核：　　　制单：

图表 5-19

记账凭证

年　月　日　　　　　　　　　　　　　　　字　第　号

摘　要	总账科目	明细科目	√	借方金额								贷方金额								附单据张
				十	万	千	百	十	元	角	分	十	万	千	百	十	元	角	分	
合　计																				

会计主管：　　　记账：　　　出纳：　　　复核：　　　制单：

实训 2　补充登记法

（补充登记法）

（一）实训目的

能运用补充登记法进行错账更正。

（二）实训资料

2017 年，无锡远易有限公司部分记账凭证与原始凭证相核对时发现如下错误。

【业务 1】 2017 年 6 月 30 日，无锡远易有限公司发现记账凭证编制有误（见图表 5-20～图表 5-22）。

图表 5-20

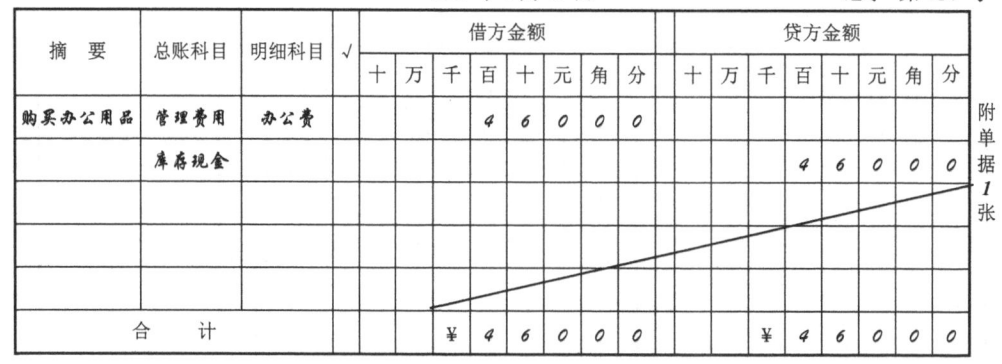

图表 5-21

8000562100　　江苏省增值税专用发票　　No 10691385

发票联　　开票日期：2017年10月10日

购货单位	名　称：无锡远易有限公司					密码区	06*6906<4/+8490<+95-59+7<24349 87<0-->>-6<525<693719->7*787*3 187<4/+8490<+957086813809<712/ <1+9016>3187++>84>93/-
	纳税人识别号：320009182564782						
	地址、电话：梁溪市台山路98号 0599-82676888						
	开户行及账号：中国工商银行梁溪台山支行 3200086754660000121						

货物或应税劳务名称	规格型号	单位	数量	单价	金额	税率	税额
文件袋		个	40	10.00	400.00	17%	68.00
合计					¥400.00		68.00

价税合计（大写）　人民币肆佰陆拾捌元整　　（小写）¥468.00

销货单位	名　称：无锡天启商贸有限公司	备注	无锡天启商贸有限公司 财务专用章
	纳税人识别号：320207854326300		
	地址、电话：乐天路8号 0510-86327321		
	开户行及账号：中国工商银行梁溪台山支行 600162360022555489		

收款人：　　复核人：　　开票人：张平　　销货单位：（章）

图表 5-22

无锡远易有限公司　　费用报销单

购物（或业务往来）日期：2017年6月10日		背面附原始凭证 1张			
	内　　容	发票号	单价	数量	金额
1	办公用品	10691385			468.00
2					
3					
备注：行政部		现金付讫			
实报金额（大写）人民币肆佰陆拾捌元整		¥468.00			
审批 穆建新	稽核 林海	验收 张玲		经手人 郎明	

【业务2】 2017年7月31日，无锡远易有限公司发现记账凭证编制有误（见图表5-23和图表5-24）。

图表 5-23

记账凭证

2017年7月10日　　　　　　　　　记字 第047号

摘要	总账科目	明细科目	√	借方金额								贷方金额								附单据1张
				十	万	千	百	十	元	角	分	十	万	千	百	十	元	角	分	
转销月朗电子有限公司应收账款损失	营业外支出					5	0	0	0	0	0									
	应收账款	月朗电子有限公司												5	0	0	0	0	0	
合计				¥		5	0	0	0	0	0	¥		5	0	0	0	0	0	

会计主管：白莉莉　　记账：张雷　　出纳：　　复核：林如是　　制单：华萝

图表 5-24

坏账损失处理意见

兹因月朗电子有限公司破产倒闭,其应收账款人民币(大写)金额伍万元整,已确认无法收回,请予确认为坏账损失。

总经理批示:经公司研究,可确认为坏账损失。

总经理签字:胡越

2017年7月10日

(三)实训要求

1. 根据【业务1】编制正确的记账凭证(见图表5-25,凭证编号为038)。
2. 根据【业务2】编制正确的记账凭证(见图表5-26,凭证编号为048)。

图表 5-25

记账凭证

年 月 日　　　　　　　　　　　　　　　　字 第 号

摘 要	总账科目	明细科目	√	借方金额								贷方金额							
				十	万	千	百	十	元	角	分	十	万	千	百	十	元	角	分
合 计																			

会计主管:　　　记账:　　　出纳:　　　复核:　　　制单:

图表 5-26

记账凭证

年 月 日　　　　　　　　　　　　　　　　　字　第　号

摘　要	总账科目	明细科目	√	借方金额									贷方金额								
				十	万	千	百	十	元	角	分		十	万	千	百	十	元	角	分
	合　　计																			

会计主管：　　　　记账：　　　　出纳：　　　　复核：　　　　制单：

错账更正项目评价表

评 价 项 目	分　值	评　分	备　注
实训 1			
业务 1：填制红字凭证	8		
业务 1：编制正确的记账凭证	8		
业务 2：填制红字凭证	8		
业务 2：编制正确的记账凭证	8		
业务 3：填制红字凭证	8		
业务 3：编制正确的记账凭证	8		
业务 4：填制红字凭证	8		
实训 2			
业务 1：编制正确的记账凭证	12		
业务 2：编制正确的记账凭证	12		
态度与独立完成情况	20		组长评价
合　　计	100		

项目 6

账务处理程序

通过本项目的学习,你能够:
1. 掌握汇总凭证账务处理程序。
2. 掌握科目汇总表账务处理程序。
3. 掌握记账凭证账务处理程序。

实训1　汇总凭证账务处理程序

一、实训目的

掌握汇总凭证账务处理程序。

（汇总凭证账务处理程序）

二、实训资料

1. 2017年12月，无锡远易有限公司记账凭证如图表6-1～图表6-12所示。

图表6-1

付款凭证

贷方科目：银行存款　　　2017年12月3日　　　银付字　第001号

摘要	借方科目	明细科目	十	万	千	百	十	元	角	分	√
支付南京百货货款	应付账款	南京百货		4	0	0	0	0	0	0	
合　　计				￥4	0	0	0	0	0	0	

附单据 1 张

会计主管：　　记账：　　出纳：王平　　复核：林如是　　制单：华莎

图表6-2

付款凭证

贷方科目：库存现金　　　2017年12月3日　　　现付字　第002号

摘要	借方科目	明细科目	十	万	千	百	十	元	角	分	√
购买办公用品	管理费用	办公费				6	5	0	0	0	
合　　计					￥	6	5	0	0	0	

附单据 3 张

会计主管：　　记账：　　出纳：王平　　复核：林如是　　制单：华莎

图表6-3

收款凭证

借方科目：银行存款　　　　2017年12月1日　　　　　银收字 第001号

摘要	借方科目	明细科目	金额 十	万	千	百	十	元	角	分	√
收到大东公司前欠货款	应收账款	大东公司		7	0	0	0	0	0	0	
合　计			￥	7	0	0	0	0	0	0	

附单据 1 张

会计主管：　　记账：　　出纳：王平　　复核：林如是　　制单：华莎

图表6-4

收款凭证

借方科目：银行存款　　　　2017年12月9日　　　　　银收字 第002号

摘要	借方科目	明细科目	金额 十	万	千	百	十	元	角	分	√
收到货款	应收账款	南京职业学校		2	3	4	0	0	0	0	
合　计			￥	2	3	4	0	0	0	0	

附单据 1 张

会计主管：　　记账：　　出纳：王平　　复核：林如是　　制单：华莎

图表6-5

收款凭证

借方科目：库存现金　　　　2017年12月18日　　　　现收字 第003号

摘要	借方科目	明细科目	金额 十	万	千	百	十	元	角	分	√
收到职工还款	其他应收款	李四					1	0	0	0	0	
合　计						￥	1	0	0	0	0	

附单据 1 张

会计主管：　　记账：　　出纳：王平　　复核：林如是　　制单：华莎

图表 6-6

图表 6-7

付款凭证

图表 6-8

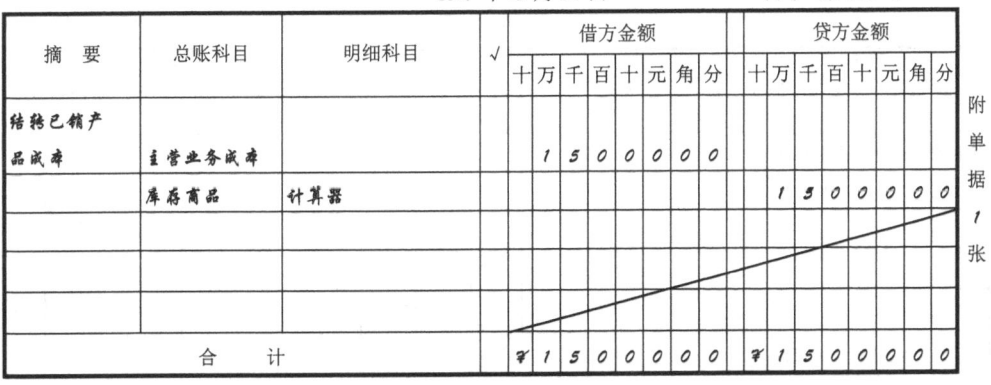

图表 6-9

付款凭证

贷方科目：库存现金　　　2017 年 12 月 30 日　　　现付字 第 004 号

摘要	借方科目	明细科目	√	金　额								
				十	万	千	百	十	元	角	分
发放工资	应付职工薪酬	工资			1	2	0	0	0	0	0
合　计				¥	1	2	0	0	0	0	0

会计主管：　　记账：　　出纳：王平　　复核：林如是　　制单：华莎

图表 6-10

转账凭证

2017 年 12 月 31 日　　　转字 第 003 号

摘　要	总账科目	明细科目	√	借方金额								贷方金额								
				十	万	千	百	十	元	角	分	十	万	千	百	十	元	角	分
结转主营业务收入	主营业务收入				3	0	0	0	0	0	0								
	本年利润												3	0	0	0	0	0	0
合　计				¥	3	0	0	0	0	0	0	¥	3	0	0	0	0	0	0

会计主管：　　记账：　　出纳：王平　　复核：　　制单：华莎

图表 6-11

转账凭证

2017 年 12 月 31 日　　　转字 第 004 号

摘　要	总账科目	明细科目	√	借方金额								贷方金额								
				十	万	千	百	十	元	角	分	十	万	千	百	十	元	角	分
结转营业成本	本年利润				1	5	0	0	0	0	0								
	主营业务成本												1	5	0	0	0	0	0
合　计				¥	1	5	0	0	0	0	0	¥	1	5	0	0	0	0	0

会计主管：　　记账：　　出纳：王平　　复核：　　制单：华莎

图表 6-12

转账凭证

2017 年 12 月 31 日　　　　　　　　　　　转字　第 005 号

摘要	总账科目	明细科目	√	借方金额 十万千百十元角分	贷方金额 十万千百十元角分	
结转费用账户	本年利润			9 5 0 0 0		附
	管理费用				6 5 0 0 0	单
	销售费用				3 0 0 0 0	据
						张
	合　计			¥ 9 5 0 0 0	¥ 9 5 0 0 0	

会计主管：　　　记账：　　　出纳：王平　　　复核：　　　制单：华莎

三、实训要求

根据上述材料按顺序编制：

（1）汇总银行存款付款凭证（见图表 6-13）；

（2）汇总现金付款凭证（见图表 6-14）；

（3）汇总本年利润贷方转账凭证（见图表 6-15）；

（4）汇总应交税费转账凭证（见图表 6-16）；

（5）汇总银行存款收款凭证（见图表 6-17）；

（6）汇总现金收款凭证（见图表 6-18）。

图表 6-13

汇总付款凭证

贷方账户：　　　　　　　　　　　年　月　　　　　　　　　第　号

借方账户	金　额				总 账 页 数	
	1—10日	11—20日	21—31日	合计	借方	贷方

附件　（1）自　日至　日　凭证共　张
　　　（2）自　日至　日　凭证共　张
　　　（3）自　日至　日　凭证共　张

图表 6-14

汇总付款凭证

贷方账户：　　　　　　　　　　　　　　年　月　　　　　　　　　　　第　号

借方账户	金　额				总账页数	
	1—10日	11—20日	21—31日	合计	借方	贷方

附件　(1) 自　　日至　　日　凭证共　　张
　　　(2) 自　　日至　　日　凭证共　　张
　　　(3) 自　　日至　　日　凭证共　　张

图表 6-15

汇总转账凭证

贷方账户：　　　　　　　　　　　　　　年　月　　　　　　　　　　　第　号

借方账户	金　额				总账页数	
	1—10日	11—20日	21—31日	合计	借方	贷方

附件　(1) 自　　日至　　日　凭证共　　张
　　　(2) 自　　日至　　日　凭证共　　张
　　　(3) 自　　日至　　日　凭证共　　张

图表6-16

汇总转账凭证

贷方账户：　　　　　　　　　　年　月　　　　　　　　　第　号

借方账户	金　额				总账页数	
	1—10日	11—20日	21—31日	合计	借方	贷方

附件
(1) 自　日至　日　凭证共　张
(2) 自　日至　日　凭证共　张
(3) 自　日至　日　凭证共　张

图表6-17

汇总收款凭证

借方账户：　　　　　　　　　　年　月　　　　　　　　　第　号

贷方账户	金　额				总账页数	
	1—10日	11—20日	21—31日	合计	借方	贷方

附件
(1) 自　日至　日　凭证共　张
(2) 自　日至　日　凭证共　张
(3) 自　日至　日　凭证共　张

图表 6-18

汇总收款凭证

借方账户：　　　　　　　　　　　年　月　　　　　　　　　　　第　号

贷方账户	金　额				总账页数	
	1—10 日	11—20 日	21—31 日	合计	借方	贷方

附件　（1）自　　日至　　日　凭证共　　张
　　　（2）自　　日至　　日　凭证共　　张
　　　（3）自　　日至　　日　凭证共　　张

实训 2　科目汇总表账务处理程序

一、实训目的

帮助学生进一步理解"有借必有贷，借贷必相等"的记账规则，掌握科目汇总表账务处理程序。

二、实训资料

2017 年 12 月，无锡远易有限公司记账凭证如图表 6-1～图表 6-12 所示。

三、实训要求

根据上述材料按顺序完成如下工作：

1．编制本公司 1—15 日的科目汇总表（见图表 6-19），编制日期为 12 月 15 日；

2．编制本公司 16—31 日的科目汇总表（见图表 6-20），编制日期为 12 月 31 日。

图表 6-19

科目汇总表

年　月　日至　月　日

编号：20		附件共　张
凭证号数	收	第　号至　号共　张
	付	第　号至　号共　张
	转	第　号至　号共　张

科目名称	金额合计借方	金额合计贷方

图表 6-20

科目汇总表

年　月　日至　月　日

编号：21		附件共　张	
凭证号数	收	第　号至　号共　张	
	付	第　号至　号共　张	
	转	第　号至　号共　张	

科目名称	金额合计借方	金额合计贷方

项目 6 账务处理程序

实训 3 记账凭证账务处理程序

一、实训目的

掌握记账凭证账务处理程序。

二、实训资料

2017 年 12 月,无锡远易有限公司记账凭证如图表 6-21~图表 6-30 所示。

图表 6-21

记账凭证

2017 年 12 月 5 日　　　　　记字 第 001 号

摘 要	总账科目	明细科目	√	借方金额 十万千百十元角分	贷方金额 十万千百十元角分	
提现备用	库存现金			2 0 0 0 0 0		附单据1张
	银行存款				2 0 0 0 0 0	
	合　　计			¥　2 0 0 0 0 0	¥　2 0 0 0 0 0	

会计主管：　　记账：　　出纳：王平　　复核：林如是　　制单：华萝

图表 6-22

记账凭证

2017 年 12 月 8 日　　　　　记字 第 002 号

摘 要	总账科目	明细科目	√	借方金额 十万千百十元角分	贷方金额 十万千百十元角分	
提现备发工资	库存现金			1 0 0 0 0 0 0		附单据1张
	银行存款				1 0 0 0 0 0 0	
	合　　计			¥ 1 0 0 0 0 0 0	¥ 1 0 0 0 0 0 0	

会计主管：　　记账：　　出纳：王平　　复核：林如是　　制单：华萝

101

图表 6-23

记账凭证

2017 年 12 月 8 日　　　　　记字 第 003 号

摘要	总账科目	明细科目	√	借方金额 十万千百十元角分	贷方金额 十万千百十元角分	
发放工资	应付职工薪酬			1 0 0 0 0 0 0		附单据1张
	库存现金				1 0 0 0 0 0 0	
合　　计				¥ 1 0 0 0 0 0 0	¥ 1 0 0 0 0 0 0	

会计主管：　　　记账：　　　出纳：王平　　　复核：林如是　　　制单：华莎

图表 6-24

记账凭证

2017 年 12 月 12 日　　　　　记字 第 004 号

摘要	总账科目	明细科目	√	借方金额 十万千百十元角分	贷方金额 十万千百十元角分	
销售商品	银行存款			7 0 2 0 0 0 0		附单据1张
	主营业务收入				6 0 0 0 0 0 0	
	应交税费	应交增值税（销项税额）			1 0 2 0 0 0 0	
合　　计				¥ 7 0 2 0 0 0 0	¥ 7 0 2 0 0 0 0	

会计主管：　　　记账：　　　出纳：王平　　　复核：林如是　　　制单：华莎

图表 6-25

记账凭证

2017 年 12 月 15 日　　　　　记字 第 005 号

摘要	总账科目	明细科目	√	借方金额 十万千百十元角分	贷方金额 十万千百十元角分	
缴纳水费	管理费用	水费		1 2 0 0 0 0		附单据1张
	银行存款				1 2 0 0 0 0	
合　　计				¥ 1 2 0 0 0 0	¥ 1 2 0 0 0 0	

会计主管：　　　记账：　　　出纳：王平　　　复核：林如是　　　制单：华莎

图表 6-26

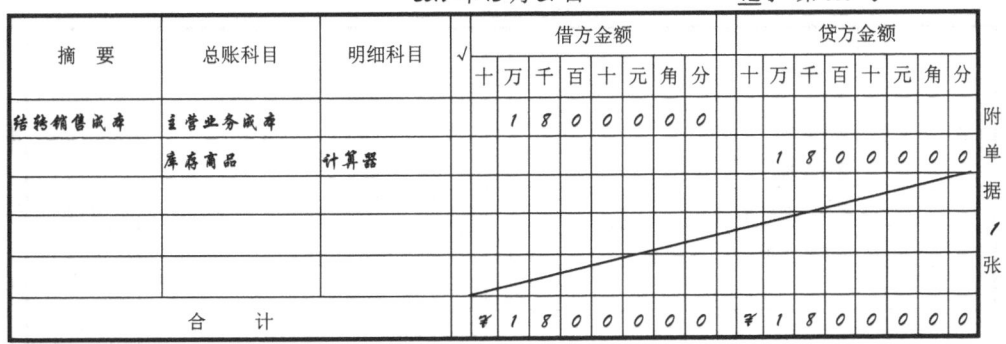

图表 6-27

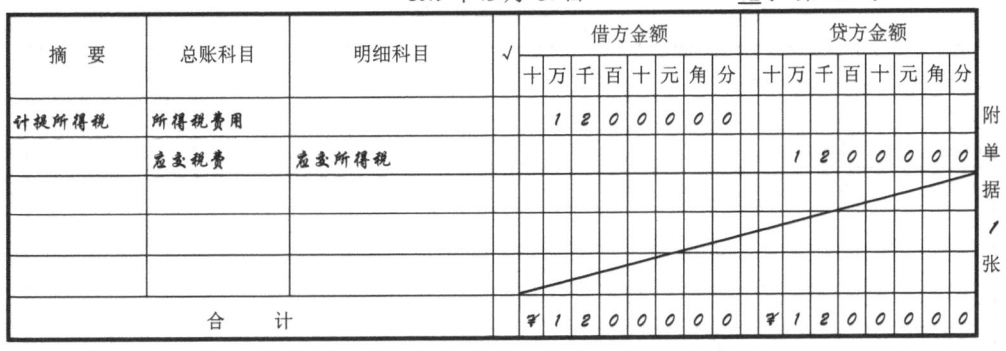

图表 6-28

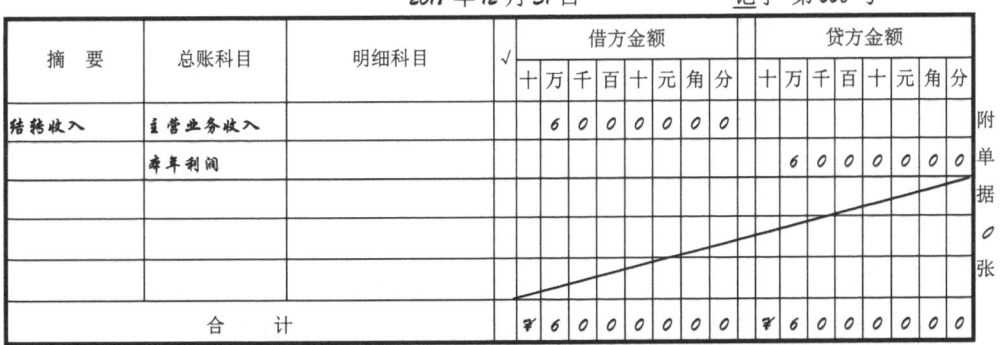

图表 6-29

记账凭证

2017 年 12 月 31 日　　　　　记字 第 009 号

摘要	总账科目	明细科目	√	借方金额 十万千百十元角分	贷方金额 十万千百十元角分	
结转成本费用	本年利润			2 1 2 0 0 0 0		附单据0张
	管理费用	水费			1 2 0 0 0 0	
	主营业务成本				8 0 0 0 0 0	
	所得税费用				1 2 0 0 0 0 0	
合　计				¥2 1 2 0 0 0 0	¥2 1 2 0 0 0 0	

会计主管：　　　记账：　　　出纳：　　　复核：林如是　　　制单：华莎

图表 6-30

记账凭证

2017 年 12 月 31 日　　　　　记字 第 010 号

摘要	总账科目	明细科目	√	借方金额 十万千百十元角分	贷方金额 十万千百十元角分	
结转本年利润	本年利润			2 1 2 0 0 0 0		附单据0张
	利润分配	未分配利润			2 1 2 0 0 0 0	
合　计				¥2 1 2 0 0 0 0	¥2 1 2 0 0 0 0	

会计主管：　　　记账：　　　出纳：　　　复核：林如是　　　制单：华莎

三、实训要求

根据上述材料按顺序完成以下工作：

（1）登记现金总账并进行结账处理（见图表 6-31）；

（2）登记银行存款总账并进行结账处理（见图表 6-32）；

（3）登记应付职工薪酬总账并进行结账处理（见图表 6-33）；

（4）登记库存商品总账并进行结账处理（见图表 6-34）；

（5）登记应交税费总账并进行结账处理（见图表 6-35）；

（6）登记主营业务收入总账并进行结账处理（见图表 6-36）；

（7）登记主营业务成本总账并进行结账处理（见图表 6-37）；

（8）登记所得税费用并进行结账处理（见图表6-38）；

（9）登记管理费用总账并进行结账处理（见图表6-39）；

（10）登记本年利润总账并进行结账处理（见图表6-40）；

（11）登记利润分配总账并进行结账处理（见图表6-41）。

图表6-31

总 分 类 账

1

科目 库存现金　　　编码（　　　）　2017 年度

2017年		凭证编号	摘要	对方科目编码	借方										贷方										借或贷	余 额									
月	日				千	百	十	万	千	百	十	元	角	分	千	百	十	万	千	百	十	元	角	分		千	百	十	万	千	百	十	元	角	分
12	01		承前页				1	8	0	0	0	0	0	0			1	1	5	0	0	0	0	0	借					5	0	0	0	0	0

图表6-32

总 分 类 账

4

科目 银行存款　　　编码（　　　）　2017 年度

2017年		凭证编号	摘要	对方科目编码	借方										贷方										借或贷	余 额									
月	日				千	百	十	万	千	百	十	元	角	分	千	百	十	万	千	百	十	元	角	分		千	百	十	万	千	百	十	元	角	分
12	01		承前页				6	0	0	0	0	0	0	0			4	1	0	0	0	0	0	0	借			1	9	0	0	0	0	0	0

图表 6-33

总 分 类 账   12

科目 应付职工薪酬   编码（ ） 2017 年度

2017年		凭证编号	摘要	对方科目编码	借方										贷方										借或贷	余额									
月	日				千	百	十	万	千	百	十	元	角	分	千	百	十	万	千	百	十	元	角	分		千	百	十	万	千	百	十	元	角	分
12	01		承前页					2	0	0	0	0	0	0				2	1	0	0	0	0	0	贷					1	0	0	0	0	0

图表 6-34

总 分 类 账   14

科目 库存商品   编码（ ） 2017 年度

2017年		凭证编号	摘要	对方科目编码	借方										贷方										借或贷	余额									
月	日				千	百	十	万	千	百	十	元	角	分	千	百	十	万	千	百	十	元	角	分		千	百	十	万	千	百	十	元	角	分
12	01		承前页					1	1	0	0	0	0	0					1	0	0	0	0	0	借				1	0	0	0	0	0	0

图表 6-35

总 分 类 账

16

科目 应交税费   编码（   ） 2017 年度

2017年		凭证编号	摘要	对方科目编码	借方										贷方										借或贷	余额									
月	日				千	百	十	万	千	百	十	元	角	分	千	百	十	万	千	百	十	元	角	分		千	百	十	万	千	百	十	元	角	分
12	01		承前页			1	0	0	0	0	0	0	0	0		1	0	1	0	0	0	0	0	0	贷				1	0	0	0	0	0	0

图表 6-36

总 分 类 账

19

科目 主营业务收入   编码（   ） 2017 年度

2017年		凭证编号	摘要	对方科目编码	借方										贷方										借或贷	余额									
月	日				千	百	十	万	千	百	十	元	角	分	千	百	十	万	千	百	十	元	角	分		千	百	十	万	千	百	十	元	角	分
12	01		承前页				4	0	0	0	0	0	0	0			4	0	0	0	0	0	0	0	平							0	0	0	

图表 6-37

总 分 类 账   20

科目 _主营业务成本_   编码（   ） _2017_ 年度

2017年		凭证编号	摘要	对方科目编码	借方 千百十万千百十元角分	贷方 千百十万千百十元角分	借或贷	余额 千百十万千百十元角分
月	日							
12	01		承前页		6 0 0 0 0 0 0 0	6 0 0 0 0 0 0 0	平	0 0 0

图表 6-38

总 分 类 账   21

科目 _所得税费用_   编码（   ） _2017_ 年度

2017年		凭证编号	摘要	对方科目编码	借方 千百十万千百十元角分	贷方 千百十万千百十元角分	借或贷	余额 千百十万千百十元角分
月	日							
12	01		承前页		9 0 0 0 0 0 0	9 0 0 0 0 0 0	平	0 0 0

图表 6-39

总 分 类 账

科目 管理费用 编码（　　　） 2017 年度   25

2017年		凭证编号	摘要	对方科目编码	借方 千百十万千百十元角分	贷方 千百十万千百十元角分	借或贷	余额 千百十万千百十元角分
月	日							
12	01		承前页		5 0 0 0 0 0	5 0 0 0 0 0	平	0 0 0

图表 6-40

总 分 类 账

科目 本年利润 编码（　　　） 2017 年度   27

2017年		凭证编号	摘要	对方科目编码	借方 千百十万千百十元角分	贷方 千百十万千百十元角分	借或贷	余额 千百十万千百十元角分
月	日							
12	01		承前页		5 0 0 0 0 0 0 0	5 0 0 0 0 0 0 0	平	0 0 0

图表 6-41

总 分 类 账
28

科目 *利润分配*　编码（　　）　*2017* 年度

2017年		凭证编号	摘要	对方科目编码	借方 千百十万千百十元角分	贷方 千百十万千百十元角分	借或贷	余额 千百十万千百十元角分
月	日							
12	01		承前页			1 0 0 0 0 0 0 0	贷	1 0 0 0 0 0 0 0

账务处理程序项目评价表

评价项目	分值	评分	备注
汇总银行存款付款凭证的填制	4		
汇总现金付款凭证的填制	4		
汇总本年利润贷方转账凭证的填制	4		
汇总应交税费转账凭证的填制	4		
汇总银行存款收款凭证的填制	4		
汇总现金收款凭证的填制	4		
编制本公司1—15日的科目汇总表	6		
编制本公司16—31日的科目汇总表	6		
登记现金总账并进行结账处理	4		
登记银行存款总账并进行结账处理	4		
登记应付职工薪酬总账并进行结账处理	4		
登记库存商品总账并进行结账处理	4		
登记应交税费总账并进行结账处理	4		
登记主营业务收入总账并进行结账处理	4		
登记主营业务成本总账并进行结账处理	4		
登记所得税费用并进行结账处理	4		
登记管理费用总账并进行结账处理	4		
登记本年利润总账并进行结账处理	4		
登记利润分配总账并进行结账处理	4		
态度与独立完成情况	20		组长评价
合　计	100		

项目 7

银行存款余额调节表的编制

通过本项目的学习,你能够:
1. 认知银行存款余额调节表编制的原理。
2. 掌握银行存款余额调节表的编制方法。

（一）实训目的

会编制银行存款余额调节表。

（二）实训资料

【业务1】 2017年3月31日，无锡东林股份有限公司银行存款日记账余额为60 500元，银行转来的对账单余额为107 500元，经过逐笔校对，发现以下未达账项。

1．企业送存转账支票60 000元，并已登记银行存款增加，但银行尚未记账。

2．企业开出转账支票40 000元，但持票单位尚未到银行办理转账，银行尚未记账。

3．企业委托银行代收某企业购货款70 000元，银行已收妥并登记入账，但企业尚未收到收款通知。

4．银行代企业支付养路费3 000元，银行已登记企业银行存款减少，但企业尚未收到银行付款通知，尚未记账。

【业务2】

1．无锡江南有限公司2017年10月31日银行存款余额调节表如图表7-1所示。

图表7-1

银行存款余额调节表

开户银行：中国工商银行无锡城西支行　　账号：32000867546612345８　　2017年10月31日止　　金额单位：元

摘要	入账日期凭证号	金额	摘要	入账日期凭证号	金额
日记账余额		626 000	对账单余额		672 900
加：			加：		
1	171029 托收3458	42 900	1		
2			2		
3			3		
减：			减：		
1			1	171030 转支8764	4 000
2			2		
3			3		
调节后的余额		668 900	调节后的余额		668 900

2. 无锡江南有限公司 2017 年 11 月份银行存款日记账如图表 7-2 所示。

图表 7-2

银行存款日记账

金额单位：元

2017年		凭证号	对方科目	摘要	借方	贷方	余额
月	日						
11	1			期初余额			626 000
	2	银付1	库存现金	提现备用（现支553）		3 000	623 000
	3	银收1	应收账款	托收款回笼（托收3548）	42 900		665 900
	4	银付2	应交税费	缴所得税（转支6379）		60 000	605 900
	5	银付3	在途物资等	购材料（电汇8746）		81 900	524 000
	6	现付1	库存现金	销售款解存银行（缴245）	58 500		582 500
	10	银收2	主营业务收入等	销售商品（进账单765）	35 100		617 600
	11	银付4	应付职工薪酬	代发工资（转支6371）		101 500	516 100
	13	银收3	其他货币资金	汇票多余款（汇6743）	24 500		540 600
	16	银收4	短期借款	借入借款（借款单4230）	500 000		1 040 600
	18	银付5	其他货币资金	办理银行本票（本6025）		50 000	990 600
	22	银付6	其他货币资金	办理银行汇票（汇0559）		100 000	890 600
	26	银付7	库存现金	提现备用（现支554）		1 500	889 100
	29	银付8	财产保险费	管理费用（转支6372）		5 000	884 100
	30			本月合计	661 000	402 900	884 100

3. 无锡江南有限公司 2017 年 11 月份银行对账单如图表 7-3 所示。

图表 7-3

中国工商银行梁溪台山支行对账单

账号：320008675466123458　单位名称：中国工商银行无锡城西支行　2017 年 11 月 30 日止　金额单位：元

2017年		摘　要	结算凭证	借　方	贷　方	借或贷	金　额
月	日						
11	1	期初余额				贷	672 900
	3	支取现金	现支553	3 000		贷	669 900
	4	缴纳税款	转支6379	60 000		贷	609 900
	5	汇购材料	电汇8746	81 900		贷	528 000
	6	送存现金	现缴245		58 500	贷	586 500
	6	付家具款	转支8764	4 000		贷	582 500

续表

2017年		摘 要	结算凭证	借 方	贷 方	借或贷	金 额
月	日						
	9	汇票余款	银汇6743		24 500	贷	607 000
	10	转发工资	转支6371	101 500		贷	505 500
	14	收到销货款	转支8922		35 100	贷	540 600
	15	付货款办理本票	本票6025	50 000		贷	490 600
	16	贷款	借款单4230		500 000	贷	990 600
	20	办理汇票	汇票0559	100 000		贷	890 600
	25	委托付款	委托7543	2 260		贷	888 340
	30	收货款进账	汇划5678		12 260	贷	900 600
	30	收利息	结算单345		3 019	贷	903 619

（三）实训要求

1. 根据【业务1】编制银行存款余额调节表（见图表7-4）。

图表7-4

（银行存款余额调节表）

银行存款余额调节表

开户银行：中国工商银行无锡城西分行　　账号：12589634778965423　　年　月　日　金额单位：元

摘 要	入账日期凭证号	金 额	摘 要	入账日期凭证号	金 额
日记账余额			对账单余额		
加：			加：		
1			1		
2			2		
3			3		
减：			减：		
1			1		
2			2		
3			3		
调节后的余额			调节后的余额		

2. 根据【业务 2】编制银行存款余额调节表（见图表 7-5）。

图表 7-5

银行存款余额调节表

开户银行：　　　　　账号：　　　　年　月　日　　　　金额单位：元

摘　要	入账日期 凭证号	金　额	摘　要	入账日期 凭证号	金　额
日记账余额			对账单余额		
加：			加：		
1			1		
2			2		
3			3		
减：			减：		
1			1		
2			2		
3			3		
调节后的余额			调节后的余额		

银行存款余额调节表的编制项目评价表

评价项目	分　值	评　分	备　注
业务 1：调节表的编制	25		
业务 2：未达账项查找	30		
业务 2：调节表的编制	25		
态度和独立完成情况	20		学生评价
合　计	100		

项目 8

会计报表的编制

通过本项目的学习,你能够:
1. 掌握资产负债表的编制方法。
2. 掌握利润表的编制方法。

实训 1　资产负债表的填制

（一）实训目的

通过实训，学生能够掌握资产负债表的编制方法。

（二）实训资料

已知东方茂业有限公司相关资料如下。

1. 账户余额表如图表 8-1 所示，其中，固定资产已提折旧 50 000 元，无形资产已累计摊销 5 000 元。

图表 8-1

账户余额表

编制单位：东方茂业有限公司　　　2017 年 12 月 31 日　　　　　　单位：元

会计科目	12月月末借方余额	会计科目	12月月末贷方余额
库存现金	75 358.60	短期借款	280 000.00
银行存款	1 669 524.40	应付账款	120 000.00
交易性金融资产	130 000.00	应付票据	50 000.00
应收票据	103 524.75	预收账款	8 000.00
应收账款	50 000.00	应付职工薪酬	585 325.75
预付账款	35 000.00	应交税费	179 260.25
库存商品	1 567 360.00	应付利息	2 000.00
在途物资	50 000.00	实收资本	1 700 000.00
固定资产	250 000.00	资本公积	180 000.00
无形资产	15 000.00	盈余公积	203 140.37
		利润分配	580 541.38
		坏账准备	1 500.00
		存货跌价准备	1 000.00
		累计折旧	50 000.00
		累计摊销	5 000.00

2. 相关账户余额明细表如图表8-2所示。

图表8-2

相关账户余额明细表

会计科目	余额		会计科目	余额	
	借方	贷方		借方	贷方
应收账款——天达企业	67 291.09		应付账款——梅林企业		78 000.00
——东南公司	56 938.60		——顺通公司		66 000.00
——法坦企业		20 704.96	——银联企业	24 000.00	
预付账款——百丽公司	24 400.00		预收账款——田林企业		8 000.00
——通达公司	16 800.00				
——美景公司		6 200.00			

（三）实训要求

根据图表8-1和图表8-2完成资产负债表的填制（见图表8-3）。

单位负责人：陶林；会计主管：沈兴；复核：王川渝；制表：田亮。

图表 8-3

资产负债表

会计 01 表
编制单位： 　　　　　　　　　　　年　月　　　　　　　　　　　　单位：元

资　　产	行次	期末余额	年初余额	负债和所有者权益	行次	期末余额	年初余额
流动资产：				流动负债：			
货币资金	1		略	短期借款	31		
短期投资	2			应付票据	32		
应收票据	3			应付账款	33		
应收账款	4			预收账款	34		
预付账款	5			应付职工薪酬	35		
应收股利	6			应交税费	36		
应收利息	7			应付利息	37		
其他应收款	8			应付利润	38		
存货	9			其他应付款	39		
其中：原材料	10			其他流动负债	40		
在产品	11			流动负债合计	41		
库存商品	12			非流动负债：			
周转材料	13			长期借款	42		
其他流动资产	14			长期应付款	43		
流动资产合计	15			递延收益	44		
非流动资产：				其他非流动负债	45		
长期债券投资	16			非流动负债合计	46		
长期股权投资	17			负债合计	47		
固定资产原价	18						
减：累计折旧	19						
固定资产账面价值	20						
在建工程	21						
工程物资	22						
固定资产清理	23						
生产性生物资产	24			所有者权益：			
无形资产	25			实收资本	48		
开发支出	26			资本公积	49		
长期待摊费用	27			盈余公积	50		
其他非流动资产	28			未分配利润	51		
非流动资产合计	29			所有者权益合计	52		
资产总计	30			负债和所有者权益总计	53		

单位负责人：　　　　　　会计主管：　　　　　　复核：　　　　　　制表：

实训 2　利润表的编制

（一）实训目的

通过实训，学生能够掌握利润表的编制方法。

（二）实训资料

已知东方茂业有限公司 2017 年 12 月份损益类账户发生额如图表 8-4 所示。

图表 8-4

12 月份损益类账户发生额

单位：元

账户名称	12 月份发生额
主营业务收入	72 992 453
其他业务收入	18 248 114
营业外收入	52 135
主营业务成本	51 151 028
销售费用	3 660 685
税金及附加	5 131 135
其他业务成本	12 787 757
管理费用	6 784 885
财务费用	177 835
营业外支出	127 135
所得税费用	2 652 871
资产减值损失	435 385
公允价值变动损益	480 000
投资收益	3 432 423

（三）实训要求

根据图表 8-4 完成利润表的填制（见图表 8-5）。

单位负责人：陶林；会计主管：沈兴；复核：王川渝；制表：田亮。

图表 8-5

利 润 表

会企 02 表
编制单位：　　　　　　　　　　　年　月　　　　　　　　　　单位：元

资　产	行次	本年累计金额	本月金额
一、营业收入	1		
减：营业成本	2		
税金及附加	3		
其中：消费税	4		
城市维护建设税	5		
资源税	6		
土地增值税	7		
城镇土地使用税、房产税、车船税、印花税	8		
教育费附加、矿产资源补偿费、排污费	9		
销售费用	10		
其中：商品维修费	11		
广告费和业务宣传费	12		
管理费用	13		
其中：开办费	14		
业务招待费	15		
研究费用	16		
财务费用	17		
其中：利息费用（收入以"-"号填列）	18		
加：投资收益（损失以"-"号填列）	19		
二、营业利润（亏损以"-"号填列）	20		
加：营业外收入	21		
其中：政府补助	22		
减：营业外支出	23		
其中：坏账损失	24		
无法收回的长期债券投资损失	25		
无法收回的长期股权投资损失	26		
自然灾害等不可抗力因素造成的损失	27		
税收滞纳金	28		
三、利润总额（亏损以"-"号填列）	29		
减：所得税费用	30		
四、净利润（净亏损以"-"号填列）	31		

单位负责人：　　　　　会计主管：　　　　　复核：　　　　　制表：

项目 9

基础会计综合实训

通过本项目的学习，你能够：
1. 认知基础会计所涉及的基本经济业务。
2. 进行具体经济业务的流程处理。
3. 掌握报表的编制方法。

实训1　基本业务实训

一、实训目的

1．会根据原始凭证分析经济业务内容，并审核或填制原始凭证。
2．会根据原始凭证编制记账凭证，并进行附件处理。
3．会根据收、付款凭证登记现金日记账和银行存款日记账。
4．会根据经济业务登记相关备查账簿。
5．会编制银行存款余额调节表。
6．会装订记账凭证。

二、实训资料

（1）单位名称：无锡市海天贸易公司（一般纳税人），纳税人识别号：507068765687659。

（2）法人代表：成兴兴；财务主管：张白。

（3）会计：林海；复核：沈益；制单：华刚；出纳：王凤。

（4）单位地址及电话：无锡市向阳路10号；0510-82676888。

（5）开户行及账号：中国工商银行无锡支行；3200086754668675466。

（6）2017年3月30日，现金日记账余额为3 968.54元，银行存款日记账余额为189 583.56元，4月份发生下列现金、银行存款收付业务：

【业务1】如图表9-1～图表9-3所示。

【业务2】如图表9-4所示（提示：4月2日，提取现金1 000元，备付差旅费）。

【业务3】如图表9-5所示。

【业务4】如图表9-6所示。

【业务5】如图表9-7所示。

【业务6】如图表9-8～图表9-11所示。

【业务7】如图表9-12、图表9-13所示。

【业务8】如图表9-14、图表9-15所示。

【业务9】如图表9-16～图表9-20所示（注：为无锡市大华工厂办理进账）。

【业务10】如图表9-21、图表9-22所示。

【业务11】如图表9-23所示。

【业务12】如图表9-24所示。

【业务13】如图表 9-25～图表 9-27 所示。

【业务14】如图表 9-28、图表 9-29 所示。

【业务15】如图表 9-30、图表 9-31 所示。

【业务16】如图表 9-32～图表 9-34 所示。

【业务17】如图表 9-35、图表 9-36 所示。

【业务18】如图表 9-37 所示。

【业务19】如图表 9-38～图表 9-42 所示。

【业务20】如图表 9-43～图表 9-45 所示。

【业务21】如图表 9-46 所示（提示：4 月 15 日，提取现金 110 000 元，备发编外人员工资）。

【业务22】如图表 9-47、图表 9-48 所示。

【业务23】如图表 9-49～图表 9-51 所示。

【业务24】如图表 9-52～图表 9-56 所示。

【业务25】如图表 9-57 所示。

【业务26】如图表 9-58～图表 9-61 所示。

【业务27】如图表 9-62 所示（提示：4 月 20 日，提取现金 2 000 元备用）。

【业务28】如图表 9-63～图表 9-65 所示。

【业务29】如图表 9-66、图表 9-67 所示。

【业务30】如图表 9-68、图表 9-69 所示。

【业务31】如图表 9-70 所示。

【业务32】如图表 9-71 所示。

【业务33】如图表 9-72～图表 9-75 所示。

【业务34】如图表 9-76 所示（提示：4 月 25 日，提取现金 4 500 元，备付抚恤金、丧葬费）。

【业务35】如图表 9-77、图表 9-78 所示。

【业务36】如图表 9-79 所示。

【业务37】如图表 9-80～图表 9-82 所示。

【业务38】如图表 9-83、图表 9-84 所示。

【业务39】如图表 9-85 所示。

【业务40】如图表 9-86～图表 9-88 所示。

三、实训要求

完成如下任务：

1. 根据业务 1~40，出纳员审核原始凭证并判断经济业务类型。

2. 根据业务 1~40，制单员编制记账凭证并将相关原始凭证整理后附后。

（1）根据业务 1、业务 9、业务 16，填制进账单。

（2）根据业务 2、业务 21、业务 27、业务 34，签发现金支票（见图表 9-4、图表 9-46、图表 9-62、图表 9-76）。

（3）根据业务 7，填制电汇凭证（普通）。

（4）根据业务 12，登记空白转账支票登记簿（见图表 9-89）。

（5）根据业务 14，填制托收凭证——委托收款（电划）。

（6）根据业务 15，填制银行汇票申请书。

（7）根据业务 1，填制收据。

（8）根据业务 26，在银行汇票第 2、3 联上填写实际结算金额并填制进账单。

（9）根据业务 9、业务 40，填制转账支票。

3. 根据收、付款凭证登记现金和银行存款日记账，并进行日结、转页和月结。

4. 根据已登记的银行存款日记账、上月银行存款余额调节表（见图表 9-90）和银行对账单（见图表 9-91）进行对账，找出未达款项，编制本月银行存款余额调节表（见图表 9-92）。

5. 装订记账凭证，填制记账凭证封面。

【实训准备】

为每个学生准备的设备：会计科目章 1 盒；红、蓝印台各 1 只；红、蓝印泥各 2 瓶（按班级配备）；复写纸 4 张（长 12cm，宽 6cm）；胶水 1 瓶（按班级配备）；档案袋 1 只；中、小夹子各 1 只；"现金收讫""现金付讫""银行收讫""银行付讫""转账讫"印章各 1 个；回形针（或大头针）45 只；小刀 1 把；直尺 1 把；黑色和红色签字笔各 1 支；黑色圆珠笔 1 支；绒线针 1 只，线 1 条（50cm）。

为每个学生准备的材料：现金日记账账页 1 张；银行存款日记账账页 2 张；收款凭证 12 张；付款凭证 26 张；转账凭证 4 张；凭证封面、封底各 2 张（注：有条件的学校应提供真实的原始凭证）。

（四）实训操作

图表 9-1

无锡商业银行　　**转账支票**　　VI876554009

出票日期（大写）*贰零壹柒年肆月零贰日*　　付款行名称：*无锡商业银行无锡支行*

收款人：*无锡市海天贸易公司*　　出票人账号：*88674567450000826*

人民币（大写）　*贰仟贰佰壹拾壹元叁角整*

百	十	万	千	百	十	元	角	分
			¥2	2	1	1	3	0

本支票付款期限十天

用途　*购材料*

上列款项请从我账户内支付
出票人签章　*梁溪市红星锻造公司 财务专用章*　*明陆印天*　　复核　　记账

图表 9-2

图表 9-3

中国工商银行　进账单　（收账通知）　　3

年　月　日

出票人	全称		收款人	全称	
	账号			账号	
	开户银行			开户银行	

人民币（大写）		千	百	十	万	千	百	十	元	角	分

票据种类		票据张数	
票据号码			

复核	记账	开户银行签章

此联是收款人开户银行交给收款人的收账通知

图表 9-4

中国工商银行现金支票存根（苏）VI007366345	中国工商银行 现金支票（苏）　　VI007366345
附加信息 _____ _____ _____ 出票日期：　年　月　日 收款人： 金　额： 用　途： 单位主管　　会计	出票日期（大写）　年　月　日　　付款行名称： 收款人：　　　　　　　　　出票人账号： 人民币（大写）　｜十｜万｜千｜百｜十｜元｜角｜分｜ 用途_____ 上列款项请从 我账户内支付 出票人签章　　　　　　　　　　复核　　记账

本支票付款期限十天

图表 9-5

中国工商银行　进账单　（收账通知）　　3

2017 年 4 月 1 日

收款人	全称	无锡市海天贸易公司	付款人	全称	无锡市蓝天制造有限公司
	账号	3200086754668675466		账号	6001623600623600123
	开户银行	中国工商银行无锡支行		开户银行	中国工商银行无锡城北支行

金额	人民币（大写）	贰佰叁拾叁元陆角整	千	百	十	万	千	百	十	元	角	分
							¥	2	3	3	6	0

票据种类	支票	票据张数	1
票据号码	05400945（退货款）		

复核	记账	开户银行签章 中国工商银行 无锡支行 2017.4.01 转讫 （02）

此联是收款人开户银行交给收款人的收账通知

图表 9-6

中国工商银行　信汇凭证　（收款通知）　　4

汇款单位编号：　　　　委托日期：*2017* 年 *4* 月 *1* 日　　　　第 003425 号

收款人	全称	无锡市海天贸易公司	付款人	全称	九江新华有限公司
	账号或住址	3200086754668675466		账号或住址	18037687630376876
	汇入地点	江苏省无锡市	汇入行名称	中国工商银行无锡支行	汇出地点	江西省九江市	汇出行名称	中国工商银行九江汉水支行
金额	人民币（大写）　肆仟元整				￥ 4 0 0 0 0 0

（中国工商银行 无锡支行 2017.4.01 转讫 (02)）

开户银行签章

汇兑用途：预付定金

上列款项已根据委托办理，如需查询，请持回单来行面洽。

此联是给收款单位的收账通知

图表 9-7

借款申请单
2017 年 *4* 月 *2* 日

借款单位	公司办公室徐良	
用途	出差预借差旅费	现金付讫
金额（大写）人民币壹仟元整	￥1000.00	
还款计划	*2017* 年 *4* 月 *15* 日	
领导批准	戚兴兴	借款人签字（盖章） 徐良

图表 9-8

无锡市海天贸易公司　费用报销单

	购物（或业务往来）日期：*2017* 年 *4* 月 *3* 日	背面附原始凭证 *3* 张			
	内　容	发票号	单价	数量	金额
1	支付材料款	05872917	33.50	20	670.00
2	支付增值税				113.90
3					
备注：					
实报金额（大写）人民币柒佰捌拾叁元玖角整　￥ 783.90					
审批	戚兴兴	稽核	林海	验收	黄玲	经手人	王风

报销日期：*2017* 年 *4* 月 *4* 日

图表9-9

300067120　　　　江苏省增值税专用发票　　　No　05872917

开票日期：2017年4月4日

购货单位	名　　称：无锡市海天贸易公司 纳税人识别号：507068765687659 地址、电话：无锡市向阳路10号　0510-82676888 开户行及账号：中国工商银行无锡支行　3200086754668675466	密码区	06*6906<4/+8490<+95-59+7<2434 987<0-->>-6>525<693719->7*787 *3187<4/+8490<+957086813809<7 12/<1+9016>3187++>84>93/-

货物或应税劳务名称	规格型号	单位	数量	单价	金额	税率	税额
门把手		套	20	33.50	670.00	17%	113.90
合计					¥670.00		¥113.90

价税合计（大写）	人民币柒佰捌拾叁元玖角整	（小写）¥783.90

销货单位	名　　称：梁溪市迅达配件厂 纳税人识别号：320205685343605 地址、电话：永定路12号　0510-83367123 开户行及账号：中国工商银行梁溪支行　061231879021879002	备注	梁溪市迅达配件厂 发票专用章

收款人：　　　复核人：　　　开票人：张相卫　　　销货单位：（章）

图表9-10

```
中国工商银行
转账支票存根（苏）
VI10815316
附加信息＿＿＿＿＿＿＿＿
＿＿＿＿＿＿＿＿＿＿＿＿
出票日期：2017年4月4日
收款人：梁溪市迅达配件厂
金额：¥783.90
用途：购材料
单位主管 戚兴兴　　会计 林海
```

图表9-11

无锡市海天贸易公司收料单

2017年4月4日　　　　第1001号

供货单位：梁溪市迅达配件厂
发票号码：05872917　　　材料大类：原材料　　　金额单位：元

材料编号	名称	规格	单位	数量		实际价格			计划价格	
				发票	实收	单价	金额	其中：运杂费	单价	金额
	门把手		只	20	20	33.50	670.00			

制单：王新　　　验收：黄玲　　　主管：张杰　　　记账：

图表 9-12

无锡市海天贸易公司
采购资金借款单

借款部门：供应科　　　　　　　　　　　　　　　　2017 年 4 月 4 日

物资名称及型号规格	单位	单价	数量	金额	供应单位
轴承	只	350.00	10	3 500.00	全称：南京机电有限公司 账号：36589120000867731 开户银行：中国农业银行西藏路支行
请款数	（大写）伍仟元整				付款方式 电汇√、信汇、汇票
实付数	（大写）伍仟元整				

出纳：　　　　审核：　　　　部门主管：尹杰　　　　借款人：刘滨

图表 9-13

中国工商银行　电汇凭证（回　单）　　1

□普通　□加急　　委托日期：　年　月　日　　第 003425 号

汇款人	全 称				收款人	全 称												此联是汇出行给汇款人的回单
	账 号					账 号												
	汇出地点	省	市/县			汇入地点	省	市/县										
汇出行名称					汇入行名称													
金额	人民币 （大写）						千	百	十	万	千	百	十	元	角	分		
					支付密码													
					附加信息及用途													
汇出行签章					复核：					记账：								

图表 9-14

无锡市海天贸易公司　费用报销单

购物（或业务往来）日期：2017 年 4 月 4 日　　　　背面附原始凭证　1 张

	内　容	发票号	单价	数量	金额
1	报销独生子女幼托费	008160			300.00
2		现金付讫			
3					

备注：
实报金额（大写）人民币叁佰元整　　￥300.00

| 审批 | 戚兴兴 | 稽核 | 林海 | 验收 | 张玲 | 经手人 | 郎明 |

报销日期：2017 年 4 月 4 日

图表9-15

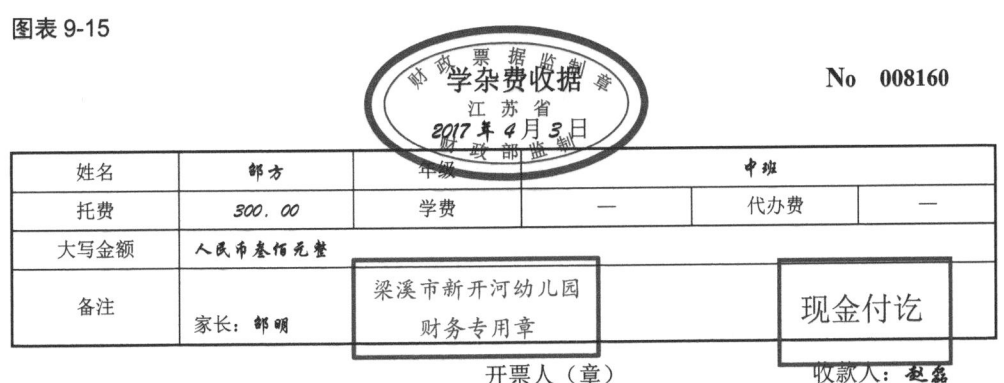

No 008160

学杂费收据
江苏省
2017年4月3日

姓名	郜方	年级		中班	
托费	300.00	学费	—	代办费	—
大写金额	人民币叁佰元整				
备注	家长：郜明	梁溪市新开河幼儿园 财务专用章		现金付讫	

开票人（章）　　　　收款人：赵磊

图表9-16

无锡市海天贸易公司 费用报销单

购物（或业务往来）日期：2017年4月5日		背面附原始凭证 4 张		
	内　容	发票号	单价	数量	金　额
1	支付材料款	06913858	180.00	10	1800.00
2	支付增值税				306.00
3					

备注：

实报金额（大写）人民币贰仟壹佰零陆元整　　￥2106.00

| 审批 | 成兴兴 | 稽核 | 林海 | 验收 | 尹立 | 经手人 | 许楷兴 |

报销日期：2017年4月5日

图表9-17

300056210　　江苏省增值税专用发票　　No 06913858

开票日期：2017年4月5日

购货单位	名　称	无锡市海天贸易公司	密码区	06*6906<4/+8490<+95-59+7<24349 87<0-->>-6>525<693719->7*787*3 187<4/+8490<+957086813809<712/ <1+9016>3187++>84>93/-
	纳税人识别号	507068765687659		
	地址、电话	无锡市向阳路10号　0510-82676888		
	开户行及账号	中国工商银行无锡支行　3200086754668675466		

货物或应税劳务名称	规格型号	单位	数量	单价	金额	税率	税额
漆针		盒	10	180.00	1800.00	17%	306.00
合计					1800.00		306.00

| 价税合计（大写）　人民币贰仟壹佰零陆元整 | | （小写）￥2106.00 | |

销货单位	名　称	无锡市大华工厂	备注	梁溪市大华工厂 发票专用章
	纳税人识别号	320207854326300		
	地址、电话	永丰路8号　0510-86327321		
	开户行及账号	中国农业银行无锡永丰支行　0897238100002210000		

收款人：　　　复核人：　　　开票人：殷平　　　销货单位：（章）

第二联：发票联　购货方记账凭证

图表 9-18

无锡市海天贸易公司收料单

2017年4月5日　　　　　　　　　　第1002号

供货单位：无锡市大华工厂

发票号码：06913858　　　　材料大类：原材料　　　　金额单位：元

材料编号	名称	规格	单位	数量		实际价格		其中：运杂费	计划价格	
				发票	实收	单价	金额		单价	金额
	涤针		盒	10	10	180.00	1 800.00			

制单：王新　　　　验收：黄玲　　　　主管：张立　　　　记账：

第一联：连同发票凭以付款

图表 9-19

中国工商银行 转账支票存根（苏） Ⅵ10815317 附加信息 _____ _____ _____ 出票日期：　年　月　日 收款人： 金　额： 用　途： 单位主管　　会计	中国工商银行　转账支票（苏）　　Ⅵ10815317 出票日期（大写）　年　月　日　　付款行名称： 收款人：　　　　　　　　　　　　出票人账号： 人民币 （大写）　　　十 万 千 百 十 元 角 分 用途_____ 上列款项请从 我账户内支付 出票人签章　　　　　　　　　　复核　　记账

本支票付款期限十天

图表 9-20

中国工商银行　进账单　（回　单）　　　　1

年　月　日

出票人	全　称		收款人	全　称	
	账　号			账　号	
	开户银行			开户银行	
人民币 （大写）			千 百 十 万 千 百 十 元 角 分		
票据种类		票据张数			
票据号码					
复核　　　　　　记账				开户银行签章	

此联是开户银行交给持票人的回单

图表 9-21

无锡市海天贸易公司　费用报销单

购物（或业务往来）日期：2017年4月5日			背面附原始凭证　1 张		
	内　容	发票号	单价	数量	金　额
1	上缴上月增值税	0835454			2 838.57
2					
3					
备注：					
实报金额（大写）人民币 贰仟捌佰叁拾捌元伍角柒分				￥2 838.57	
审批	成兴兴	稽核	林海	验收	王海	经手人	王风

报销日期：2017 年 4 月 5 日

图表 9-22

无锡市税收电子缴款凭证　N0 0835454

交易号码：0006　　　　　　　　　　扣款日期：2017 年 4 月 4 日

付款人	全　称	无锡市海天贸易公司	收款人	全　称	无锡市国家税务局	第二联：缴款单位（人）完税凭证
	账　号	3200086754668675466		账　号	000663367506633675	
	开户银行	中国工商银行无锡支行		开户银行	中国工商银行无锡分行	
缴款金额	人民币（大写）	贰仟捌佰叁拾捌元伍角柒分		人民币（小写）	￥2 838.57	
款项内容	010106			备注：中央75% 县区25%		
上述款项已扣除 中国工商银行 无锡支行 2017.4.04 转讫 （银行盖章02）	纳税人识别号：5070687687659		电子销号顺序：320006000168446270			
	税种：增值税		税款属性：11			
	计税金额：97 697.70		所属期限：2017.11.1—2017.11.30			
	抵扣税额：94 859.13		缴款期限：2017.12.11			
	纳税金额：2 838.57					

复核：　　　　　　　经办：　　　　　　打印日期：20171205

图表 9-23

借款申请单

2017 年 4 月 5 日

借款单位	设计科张平	
用途	出差预借差旅费	现金付讫
金额（大写）人民币	壹仟伍佰元整　　　￥1 500.00	
还款计划	2017 年 4 月 15 日	
领导批准	成兴兴	借款人签字（盖章）　张平

图表9-24

空白支票领用单

领用部门	支票号码	领用人	领用日期	用途	对方单位	预计金额
供应科	VI10815318	朱明	12.6	代垫运杂费	火车站	2 600.00

批准人：戚兴兴

图表9-25

无锡市海天贸易公司　费用报销单

购物（或业务往来）日期：2017年4月6日　　背面附原始凭证 2 张

	内　　　容	发票号	单价	数量	金额
1	代垫运杂费	12684			2 500.00
2					

备注：

实报金额（大写）人民币贰仟伍佰元整　　　¥ 2 500.00

审批	戚兴兴	稽核	林海	验收	尹立	经手人	朱明

报销日期：2017年4月6日

图表9-26

产品发运清单

2017年4月6日　　　　　　　　金额单位：元

购货单位	发票号码	运输方式	运杂费				备注
			运费	保险费	其他	合计	
昆明机械有限公司	12684	火运	2 300.00	200.00		2 500.00	
合计						2 500.00	

制单：朱明

图表9-27

中国工商银行
转账支票存根（苏）
VI10815318

附加信息
_____
_____

出票日期：2017年4月6日

收款人：无锡火车站

金额：¥ 2 500.00

用途：支付运杂费

单位主管 戚兴兴　　会计 林海

图表 9-28

000012556	江苏省增值税专用发票 	No 10991860
		开票日期：2017年4月6日

购货单位	名称：	昆明机械有限公司	密码区	06*6906<4/+8490<+95-59+7<24349 87<0-->>-6>525<693719->7*787*3 187<4/+8490<+957086813809<712> <1+9016>3187++>84>93/-
	纳税人识别号：	42310657336405405		
	地址、电话：	长江东路115号 0871-48752369		
	开户行及账号：	中国工商银行昆明分行 630421000123456689		

货物或应税劳务名称	规格型号	单位	数量	单价	金额	税率	税额
增压机		台	25	1 400.00	35 000.00	17%	5 950.00
合计					35 000.00		5 950.00

价税合计（大写）	人民币肆万零玖佰伍拾元整	（小写）¥ 40 950.00

销货单位	名称：	无锡市海天贸易公司	备注	采用托收承付（电划）手续。 （合同号2017销02176）
	纳税人识别号：	50706876568 7659		
	地址、电话：	无锡市向阳路10号 0510-82676888		
	开户行及账号：	中国工商银行无锡支行 3200086754668675466		

收款人：　　　　　复核人：　　　　　开票人：李华

第二联：发票联　购货方记账凭证

图表 9-29

托收凭证 （受理回单） 1 第 号

委托日期 年 月 日

业务类型	委托收款（□邮划、□电划）	托收承付（□邮划、□电划）											
收款人	全称		付款人	全称									
	账号			账号									
	地址	省 市 开户行		地址	省 市 开户行								
金额	人民币（大写）				千	百	十	万	千	百	十	元	角	分
款项内容		收款凭据名称			附寄单证张数								
商品发运情况					合同名称号码								
备注：		款项收妥日期 年 月 日		收款人开户银行签章 年 月 日									
复核 记账													

此联是收款人开户银行给收款人的受理回单

图表 9-30

无锡市海天贸易公司
采购资金借款单

借款部门：供应科　　　　　　　　　　　　　　　　　2017 年 4 月 7 日

物资名称及型号规格		单位	单价	数量	金额	供应单位
工具		件	450.00	10	4500.00	全称：上海工具有限公司
						账号：0897238100003658912
						开户银行：中国农业银行新疆路支行
请款数	（大写）伍仟元整					付款方式
实付数	（大写）肆仟伍佰元整					电汇、信汇、汇票√

出纳：　　　　　审核：　　　　　部门主管：尹杰　　　　　借款人：吴君

图表 9-31

中国工商银行　　　银行汇（本）票申请书　　　No 66187654

币别：　　　　　　　　年　月　日　　　　　　流水号：

业务类型	□银行汇票　　□银行本票	付款方式	□转账　　　　□现金
申 请 人		收 款 人	
账　　号		账　　号	
用　　途		代理付款行	
金额	（大写）	千 百 十 万 千 百 十 元 角 分	
	客户签章		

会计主管　　　　　授权　　　　　复核　　　　　录入

第一联 银行记账凭证

图表 9-32

中国工商银行　转账支票（苏）　$\frac{GY}{02}$10553283

出票日期（大写）　贰零壹柒年肆月零柒日　　付款行名称：中国工商银行解放路支行
收款人：无锡市博朗贸易公司　　　　　　　出票人账号：457689600276896002

人民币（大写）	壹万捌仟柒佰贰拾元整	百	十	万	千	百	十	元	角	分
			¥	1	8	7	2	0	0	0

用途　购甲产品

上列款项请从我账户内支付　出票人签章：锡溪市建筑有限公司财务专用章　　东王印文　　复核　　记账

本支票付款期限十天

图表 9-33

200034956　　　　江苏省增值税专用发票　　　No 07335612

记账苏联　　开票日期：2017 年 4 月 7 日

购货单位	名　　称：无锡市建筑二公司	密码区	06*6906<4/+8490<+95-59+7<2434987
	纳税人识别号：320206633490633		<0-->-6>525<693719->7*787*3187<
	地址、电话：无锡市解放路31号　0510-85195346		4/+8490<+957086813809<712/<1+901
	开户行及账户：中国工商银行解放路支行 457689600276896002		6>3187++>84)93/-

货物或应税劳务名称	规格型号	单位	数量	单价	金额	税率	税额
发电机组		台	1	16 000.00	16 000.00	17%	2 720.00
合计					16 000.00		2 720.00

价税合计（大写）	人民币壹万捌仟柒佰贰拾元整	（小写）¥18 720.00

销货单位	名　　称：无锡市海天贸易公司	备注
	纳税人识别号：507068765687659	
	地址、电话：无锡市向阳路10号　0510-82676888	
	开户行及账号：中国工商银行无锡支行 3200086754668675466	

收款人：　　　　　　复核人：　　　　　　　　　开票人：李华

图表 9-34

中国工商银行　进账单　（回单）　　　1

年　月　日

出票人	全称		收款人	全称	
	账号			账号	
	开户银行			开户银行	

人民币（大写）		千	百	十	万	千	百	十	元	角	分

票据种类		票据张数		开户银行签章
票据号码				
	复核		记账	

此联是开户银行交给持票人的回单

图表 9-35

无锡市海天贸易公司 费用报销单

购物（或业务往来）日期：2017年4月10日			背面附原始凭证 1 张		
	内　容	发票号	单价	数量	金额
1	上缴上月欠缴的所得税	1233111			7 150.98
2					
3					
备注：					
实报金额（大写）人民币柒仟壹佰伍拾元零玖角捌分			¥ 7 150.98		
审批 成兴兴	稽核 胡芳	验收		经手人	林海

报销日期：2017 年 4 月 9 日

图表 9-36

无锡市税收电子缴款凭证　№ 1233111

交易号码：0002　　　　扣款日期：2017 年 4 月 10 日

付款人	全　称	无锡市海天贸易公司	收款人	全　称	无锡市地方税务局
	账　号	3200086754668675466		账　号	0007653462653462
	开户银行	中国工商银行无锡支行		开户银行	中国工商银行无锡支行
缴款金额	人民币（大写）	柒仟壹佰伍拾元零玖角捌分		人民币（小写）	¥ 7 150.98
款项内容	040600	企业所得税	备注	中央 60%，县区 40%	
上述款项已扣除（银行盖章）	纳税人识别号：507068765970687659 税种：企业所得税 计税金额：28 603.92 抵扣额：0.00 纳税金额：7 150.98		电子销号顺序：320006001069989623 税款属性：11 所属期限：2017.11.1—2017.11.30 缴款期限：2017.12.10		

复核：　　　　　　　　经办：　　　　　　　　打印日期：20171208

图表 9-37

300025183　　　　**江苏省增值税专用发票**　　　No　04278182

开票日期：2017 年 4 月 10 日

购货单位	名　称	无锡市电机有限公司	密码区	06*6906<4/+8490<+-95-59+7<2434 987<0-->>-6>525<693719->7*787 *3187<4/+8490<+957086813809<7 12/<1+9016>3187++>84>93/-
	纳税人识别号	320206441289547547		
	地址、电话	无锡市红星路78号　0510-86912335		
	开户行及账号	无锡商业银行中山支行　9768645000001567		

货物或应税劳务名称	规格型号	单位	数量	单价	金额	税率	税额
原料		千克	100	3.00	300.00	17%	51.00
合计					300.00		51.00

价税合计（大写）	人民币叁佰伍拾壹元整	（小写）¥ 351.00	
销货单位	名　称	无锡市海天贸易公司	备注  现金收讫
	纳税人识别号	507068765687659	
	地址、电话	无锡市向阳路10号　0510-82676888	
	开户行及账号	中国工商银行无锡支行　3200086754668675466	

收款人：　　　　　　复核人：　　　　　　　　开票人：李华

图表9-38

无锡市海天贸易公司 出差费用报销单

出差事由	签订合同				填报日期：2017年4月11日							
月/日	起止时间	起讫地点	车船费		途中补贴	住勤补贴		误餐补贴			旅馆费	市内交通费	行李搬运费	其他
			车次	金额	金额	天数	金额	中	晚	金额				
12/5	午 时 分 午 时 分	无锡至南京		80							1050			
12/12	午 时 分 午 时 分 午 时 分	南京至无锡		90		7	140					40		
支 出 小 计				170			140				1050	40		
预支金额	1500	应付（退）金额		100		支出金额（大写）		人民币壹仟肆佰元整						
领导审核	成兴兴	报销人签章		张平		说明								

图表9-39

江苏省公路汽车客票

No 03684

始发地—目的地	票价（元）	票种	承运人	班车类别	车型
无锡—南京	80.00	全	快客公司	直达	大型
乘车日期	开车时间	车次	座号	上车地点	检票口	工号
2017-9-8	9:00	KK5231	8	南广场	2	056

一、票价内含各种代收费用。
二、限乘当日当次车，过期、涂改、污染、撕损即失效。

图表9-40

江苏省公路汽车客票

No 46817

始发地—目的地	票价（元）	票种	承运人	班车类别	车型
南京—无锡	90.00	全	快客公司	直达	中型
乘车日期	开车时间	车次	座号	上车地点	检票口	工号
2017-9-11	14:00	KB0-146	5	中央车站	5	156

一、票价内含各种代收费用。
二、限乘当日当次车，过期、涂改、污染、撕损即失效。

图表 9-41

南京市招待所通用收费票据

付款单位：无锡市博朗贸易公司　　2017 年 4 月 11 日　　No 1009854

收费项目及名称	收费标准	十万	千	百	十	元	角	分
住宿费	3×2×175.00		1	0	5	0	0	0
	南京市招待所							
	财务专用章							
小写金额合计		¥	1	0	5	0	0	0

金额（大写）：人民币 ×万壹仟零佰伍拾零元零角零分

收费单位（盖章）　　　　　　　　　　　　　收款人：张洪

二、付款方收执

图表 9-42

收 据

No 0034056

年　月　日

交款单位 _____　　　收款方式 _____

人民币（大写）_____　现金收讫　¥ _____

收款事由 _____

年 月 日

财会主管：　　记账：　　出纳：　　审核：　　经办：

图表 9-43

同 城 特 约

委 托 收 款 凭证（付款通知）5

发票代码：23202054100876
发票号码：007238760

委托日期：2017 年 4 月 11 日　　单位代码 034267　　委托号码 656472

付款人	全称	无锡市博朗贸易公司	收款人	全称	无锡市自来水公司
	账号	3200086754668675466		账号	110302075203020752
	开户银行	中国工商银行无锡支行		开户银行	中国工商银行粱青支行
委托金额	人民币（大写）叁仟伍佰贰拾元整		金额（小写）	¥ 3 520.00	
款项内容及合同（协议）号码	00856152	委托收款凭据名称	发票	附属单据张数	1
备注：	款项支付日期　2017 年 4 月 11 日		付款人开户银行盖章 中国工商银行 无锡支行 2017.4.11 办讫章 （02）记账		

单位主管　　　　　会计　　　　　复核　　　　　记账

此联是付款人开户银行给付款人按期付款的通知

图表9-44

无锡市海天贸易公司　费用报销单

购物（或业务往来）日期：2017年4月13日			背面附原始凭证 1 张			
	内　容		发票号	单价	数量	金额
1	上缴本月水费		01309660	3.20	1100	3 520.00
2						
备注：						
实报金额（大写）人民币叁仟伍佰贰拾元整			¥3 520.00			
审批	戚兴兴	稽核	胡芳	验收	经手人	林海

报销日期：2017年4月13日

图表9-45

江苏省梁溪市自来水总公司自来水发票
发 票 联

2017年4月12日　　　　　　　　　　　　　　　132020550323
　　　　　　　　　　　　　　　　　　　　　　NO 01309660

户　名	无锡市海天贸易公司					
地　址	无锡市向阳路10号					
本月示数		上月示数	消费量（m³）		单　位	金　额
5 500		4 400	1 100		3.20	¥3 520.00
金　额	人民币叁仟伍佰贰拾元整					
备　注		抄表员	编　号		89744	
		徐 南	操　作		SLGI	

收款盖章：　　　　　　　　　　　　　付款日期：2017.12.11

图表 9-46

中国工商银行 转账支票存根（苏） VI007366346	中国工商银行 现金支票（苏） VI007366346
附加信息＿＿＿＿＿＿＿＿＿＿ ＿＿＿＿＿＿＿＿＿＿＿＿ 出票日期： 年 月 日 收款人： 金额： 用途： 单位主管　　　会计	出票日期（大写）　年　月　日　付款行名称： 收款人：　　　　　　　　　　　　出票人账号： 人民币（大写）｜百｜十｜万｜千｜百｜十｜元｜角｜分｜ 用途＿＿＿＿＿ 上列款项请从 我账户内支付 出票人签章　　　　　复核　　　记账

（本支票付款期限十天）

图表 9-47

无锡市海天贸易公司　费用报销单

购物（或业务往来）日期：2017年4月15日　　背面附原始凭证 1 张

	内　容	发票号	单价	数量	金　额
1	发放本月工资				110 000.00
2					
3					

备注：　　　　　　　现金付讫

实报金额（大写）人民币壹拾壹万元整　　　¥ 110 000.00

| 审批 | 戚兴兴 | 稽核 | 林海 | 验收 | 王海 | 经手人 | 王凤 |

报销日期：2017年4月13日

图表 9-48

无锡市海天易公司编外人员工资结算汇总表

2017年4月　　　　　　　　　　　　金额单位：元

| 车间、部门名　称 | 标准工资 | 奖金 | 加班工资 | 津贴补贴 | 应付工资 | 代扣款项 | | | 实发工资 |
						医疗保险	养老金	公积金	
机修辅助生产	19 000	5 000	2 100	3 500	29 600	700	2 900	2 600	23 400
供电辅助生产	11 000	3 500		2 400	16 900	600	3 000	2 700	10 600
销售门市人员	16 000	2 600	2 500	4 300	25 400	500	2 700	2 300	19 900
保安人员	10 700	2 100		3 200	16 000	700	3 600	3 400	8 300
卫生勤杂人员	13 000	5 300	1 500	1 300	21 100	300	1 900	1 500	17 400
机房管理人员	14 000	6 300		4 200	24 500	450	3 700	3 200	17 150
汽车队人员	5 300	2 400		1 000	8 700	200	1 400	1 200	5 900
消防人员	5 500	2 800		1 200	9 500	150	1 100	900	7 350
合　计	94 500	30 000	6 100	21 100	151 700	3 600	20 300	17 800	110 000

现金付讫

批准：戚兴兴　　　复核：林海　　　制表：宋名　　　出纳：王凤

图表 9-49

无锡市海天贸易公司 费用报销单

	购物（或业务往来）日期：2017年4月15日		背面附原始凭证 2 张		
	内　　容	发票号	单价	数量	金额
1	预付2018年报刊订阅费	0033020			885.00
2					

备注：

实报金额（大写）人民币捌佰捌拾伍元整　　　￥885.00

| 审批 | 成兴兴 | 稽核 | 林海 | 验收 | | 经手人 | 沈为民 |

报销日期：2017年4月15日

图表 9-50

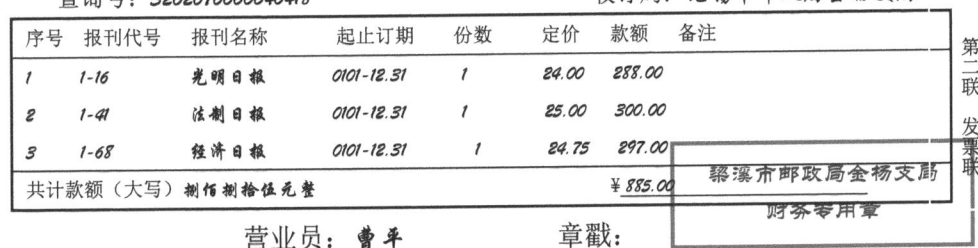

邮发 011

户　名：无锡市海天贸易公司　　　　　　　　　日期：2017年度

地　址：无锡市向阳路10号　　　　　　　　　　NO：0033020

查询号：3202070000040418　　　收订局：无锡市邮政局金杨支局

序号	报刊代号	报刊名称	起止订期	份数	定价	款额	备注
1	1-16	光明日报	0101-12.31	1	24.00	288.00	
2	1-41	法制日报	0101-12.31	1	25.00	300.00	
3	1-68	经济日报	0101-12.31	1	24.75	297.00	
共计款额（大写）捌佰捌拾伍元整						￥885.00	

第二联 发票联

营业员：曹平　　　　章戳：梁溪市邮政局金杨支局 财务专用章

订户注意：1. 请核对填制内容是否正确；是否加盖章戳。

2. 如有查询、退订、改址等事项，请交验此收据。

3. 报刊名称前带*表示不可退订。

图表 9-51

中国工商银行
转账支票存根（苏）
VI10815319

附加信息

出票日期：2017年4月15日

收款人：	梁溪市邮政局金杨支局
金　额：	￥885.00
用　途：	报刊订阅经费

单位主管 成兴兴　　会计 林海

图表 9-52

无锡市海天贸易公司 出差费用报销单

出差事由		洽谈业务		车船费		途中补贴	住勤补贴		误餐补贴			填报日期：2017年4月18日			
月/日	起止时间	起讫地点		车次	金额	金额	天数	金额	中	晚	金额	旅馆费	市内交通费	行李搬运费	其他
4/11	午 时 分 午 时 分	梁溪至上海			80							700			
4/18	午 时 分 午 时 分 午 时 分	上海至梁溪			70		14	280					70		
支 出 小 计					150			280				700	70		
预支金额	1 000	应付（退）金额	200	支出金额（大写）			人民币壹仟贰佰元整								
领导审核		戚兴兴		报销人签章		徐良	说明								

图表 9-53

X0068938　　　　　　　　　　　梁溪 (章)

梁溪—上海　　　　　　　　　　　2145 次

2017 年 4 月 11 日　　14：30 开　　　硬　席

全价 80.00 元　　　　　　　　新空调硬座普快

限乘当日当次车

图表 9-54

Y2245789　　　　　　　　　　　上海 (章)

上海—梁溪　　　　　　　　　　　472 次

2017 年 4 月 18 日　　2：00 开　　　硬　席

全价 70.00 元　　　　　　　　新空调硬座普快

限乘当日当次车

图表 9-55

上海市招待所通用收费票据
上海市

付款单位（或人）无锡市海天贸易公司 2017 年 4 月 15 日　　No 1009854

收费项目及名称	收费标准	金　额								
		十万	万	千	百	十	元	角	分
住宿费	7×100				7	0	0	0	0
小写金额合计					￥	7	0	0	0	0

金额（大写）：人民币×万×仟柒佰零拾零元零角零分

二、付款方收执

上海市招待所
财务专用章

收费单位（盖章）　　　　　　　　　　　　　　　　收款人：徐刚

图表 9-56

借款申请单
2017 年 4 月 15 日

借款单位	
用途	
金额（大写）人民币	￥
还款计划	
领导批准	借款人签字（盖章）

图表 9-57

借款借据（入账通知）　　　　　壹

单位编号：890　　　借款日期：2017 年 4 月 18 日　　　借据编号：0589

收款单位	名　称	无锡市海天贸易公司	借款单位	名　称	无锡市海天贸易公司								
	往来户账号	3200086754668675466		放款户账号	546400405088691294
	开户银行	中国工商银行无锡支行		开户银行	中国工商银行无锡支行

借款金额	捌万元整	百	十	万	千	百	十	元	角	分
				￥	8	0	0	0	0	0

借款原因及用途	材料到货（临时借款）	借款计划指标	
借　款　期　限				你单位上列借款，已转入你单位结算户内。借款到期时由我行按期自你单位结算户转还。
期次	计划还款日期	√	计划还款金额	
1	2018.3.19		80 000.00	此致
2				借款单位
3				
备注				（银行盖章）

中国工商银行
无锡支行
2017.4.18
办讫章
（02）

此联由银行退借款单位作为入账通知

图表9-58

江苏省增值税专用发票

433075316　　　　　　　　　　　　　　　　　　　　No 08724193

开票日期：2017年4月20日

购货单位	名　称：	沈阳铁路工务段				密码区	06*6906<4/+8490<+95-59+7<2434987<0-->>-6>525<693719->7*787*3187<4/+8490<+957086813809<712/<1+9016>3187++>84>93/-		
	纳税人识别号：	345230078922110							
	地址、电话：	沈阳市大同路66号　024-93451230							
	开户行及账号：	中国工商银行沈阳市分行　976864500000567899							
货物或应税劳务名称	规格型号	单位	数量	单价	金额		税率	税额	
发电机组		台	2	15 000.00	30 000.00		17%	5 100.00	
合计					30 000.00			5 100.00	
价税合计（大写）	人民币叁万伍仟壹佰元整				（小写）¥35 100.00				
销货单位	名　称：	无锡市海天贸易公司				备注			
	纳税人识别号：	507068765687659							
	地址、电话：	无锡市向阳路10号　0510-82676888							
	开户行及账号：	中国工商银行无锡支行　3200086754668675466							

收款人：　　　　　　复核人：　　　　　　开票人：李华

图表9-59

中国工商银行银行汇票 2　　XI00526377　第　号

付款期限 壹个月		
出票日期（大写）	贰零壹柒年肆月壹拾捌日	代理付款行：中国工商银行无锡支行　行号：430
收款人：无锡市海天贸易公司		账号：3200086754668675466
出票金额	人民币（大写）叁万陆仟元整	
实际结算金额	人民币（大写）	千百十万千百十元角分

申请人：沈阳铁路工务段　　账号或住址：1345000091345000009
出票行：中国工商银行沈阳市分行
备注：购甲产品款

多余金额　千百十万千百十元角分

科目（借）_____
对方科目（贷）_____
兑付日期：2017年4月18日
复核　　　记账

凭票付款
出票行签章
中国工商银行
沈阳市分行
2017.4.18
办讫章
（02）

图表 9-60

付款期限 壹个月	中国工商银行 银行汇票（解讫通知）3		XI00526377 第 号
出票日期（大写）	贰零壹柒年肆月壹拾捌日	代理付款行：中国工商银行无锡支行 行号：430	
收款人：	无锡市海天贸易公司	账号：3200086754668675466	
出票金额	人民币（大写）叁万陆仟元整		
实际结算金额	人民币（大写）	千 百 十 万 千 百 十 元 角 分	

申请人：	沈阳铁路工务段	账号或住址：1345000091345000009	
出票行：	中国工商银行沈阳分行		科目（贷）____
备注：	购货款	多余金额	对方科目（借）____
代理付款行盖章 复核　经办	办讫章（02）	千 百 十 万 千 百 十 元 角 分	转账日期：2017年4月18日 复核　记账

中国工商银行
沈阳市分行
2017.4.18

图表 9-61

工商银行　进账单（收账通知）　　　3

年　月　日

出票人	全　称		收款人	全　称		千 百 十 万 千 百 十 元 角 分	此联是开户银行交给收款人的收账通知
	账　号			账　号			
	开户银行			开户银行			
人民币（大写）							
票据种类		票据张数					
票据号码							
						收款人银行签章	
复核　　　记账							

图表 9-62

中国工商银行 转账支票存根（苏） VI1007366347	中国工商银行 现金支票（苏）VI1007366347
附加信息_____ _____ 出票日期： 年 月 日 收款人： 金额： 用途： 单位主管　会计	出票日期（大写）　年　月　日　付款行名称： 收款人：　　　　　　　　　出票人账号： 人民币（大写）｜百｜十｜万｜千｜百｜十｜元｜角｜分｜ 用途： 上列款项请从 我账户内支付 出票人签章　　　　　　复核　　记账

本支票付款期限十天

图表 9-63

无锡市海天贸易公司　费用报销单

购物（或业务往来）日期：2017 年 4 月 19 日		背面附原始凭证 2 张			
	内　容	发票号	单价	数量	金额
1	工具款	07335612			3 600.00
2	增值税				612.00
3					
实报金额（大写）人民币肆仟贰佰壹拾贰元整			¥ 4 212.00		
审批	戚兴兴	稽核	林海	验收	方超	经手人	吴君

报销日期：2017 年 4 月 20 日

图表 9-64

500012569　　　　上海市增值税专用发票　　　No　07335612

开票日期：2017 年 4 月 19 日

购货单位	名　称：	无锡市海天贸易公司	密码区	06*6906<4/+8490<+-95-59+7<2434987 <0-->>-6>525<693719->7*787*3187< 4/+8490<+957086813809<712/<1+901 6>3187++>84>93/-
	纳税人识别号：	507068765687659		
	地址、电话：	无锡市向阳路10号　0510-82676888		
	开户行及账号：	中国工商银行无锡支行　3200086754668675466		

货物或应税劳务名称	规格型号	单位	数量	单价	金额	税率	税额
工具		把	10	360.00	3 600.00	17%	612.00
合计					¥ 3 600.00		¥ 612.00
价税合计（大写）	人民币肆仟贰佰壹拾贰元整				（小写）¥ 4 212.00		

销货单位	名　称：	上海工具厂	备注	上海工具厂 发票专用章
	纳税人识别号：	430302697636253		
	地址、电话：	长安街114号　021-57348233		
	开户行及账号：	中国农业银行新疆路支行　8867535154865754866		

收款人：　　　复核人：　　　开票人：华星　　　销货单位：（章）

第二联：发票联　购货方记账凭证

图表 9-65

无锡市海天贸易公司收料单

2017 年 4 月 20 日   第 1005 号

供货单位：上海工具厂

发票号码：07335612   材料大类：低值易耗品   金额单位：元

材料编号	名称	规格	单位	数量		实际价格			计划价格		第一联：连同发票凭以付款
				发票	实收	单价	金额	其中：运杂费	单价	金额	
	工具		把	10	10	360.00	3 600.00				

制单：王新   验收：黄玲   主管：张杰   记账：

图表 9-66

无锡市海天贸易公司 费用报销单

购物（或业务往来）日期：2017 年 4 月 21 日		背面附原始凭证 1 张		
	内　容	发票号	单价	数量	金额
1	业务招待费	05523456			900.00
2					现金付讫
备注：					
实报金额（大写）玖佰元整		¥900.00			
审批	戚兴兴	稽核	林海	验收	路青	经手人	王凤

报销日期：2017 年 4 月 21 日

图表 9-67

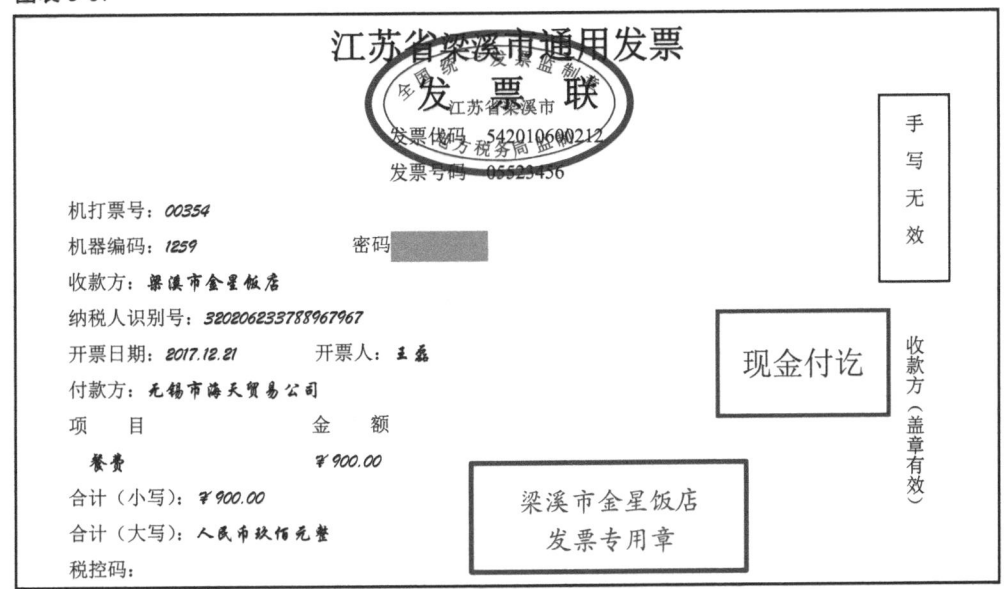

图表 9-68

<u>无锡市海天贸易公司</u> 费用报销单

购物（或业务往来）日期：2017年4月22日			背面附原始凭证 1 张		
	内 容	发票号	单价	数量	金额
1	购转账支票一本				20.00
2					
3					
备注：					
实报金额（大写）人民币贰拾元整		￥20.00			
审批	成兴兴	稽核	林海	验收	沈盖	经手人	王凤

报销日期：2017年4月22日

图表 9-69

无锡市商业银行工本费、手续费收费凭证（支付通知）

2017年4月22日 ④

缴款人名称	无锡市博朗贸易公司			账号	3200087546668675466	
品名	数量	单价	工本费金额	手续费金额	中国工商银行 无锡支行 2017.4.22 办讫章 银行盖单处 复单　　　制单	
转账支票	1	20.00	5.00	15.00		
合计		20.00	5.00	15.00		
合计金额	人民币（大写）	贰拾元整		￥20.00		

图表 9-70

中国工商银行
银行汇票（多余款收款通知）　XI00448988　第 4 号

付款期限：壹个月

出票日期（大写）：贰零壹柒年肆月贰拾贰日
代理付款行：中国农业银行新疆路支行　行号：430

收款人：上海工具厂　账号：801-0056-48

出票金额：人民币（大写）伍仟元整

实际结算金额：人民币（大写）肆仟贰佰壹拾贰元整

千	百	十	万	千	百	十	元	角	分
			¥	4	2	1	2	0	0

申请人：无锡市博朗贸易公司
账号或住址：3200086754668675466
出票行：中国工商银行无锡支行
备注：购工具款

科目（贷）：_____
对方科目（借）：_____
转账日期：2017年4月22日

多余金额：

千	百	十	万	千	百	十	元	角	分
				¥	7	8	8	0	0

出票行签章：中国工商银行无锡支行 2017.4.22 办讫章（02）

复核：经办　　记账

图表 9-71

托收凭证（汇款依据或收账通知）　第 4 号

委托日期 2017 年 4 月 6 日　　付款期限 2017 年 4 月 16 日

业务类型：委托收款（□邮划、□电划）　托收承付（□邮划、□√电划）

	全称	无锡市海天贸易公司		全称	昆明机械有限公司
收款人	账号	3200086754668675466	付款人	账号	400341234561145678
	地址	江苏省无锡市	开户行	中国工商银行无锡支行		地址	江苏省南京市	开户行	中国工商银行昆明支行

金额：人民币（大写）肆万叁仟肆佰伍拾元整

千	百	十	万	千	百	十	元	角	分
			¥	4	3	4	5	0	0

款项内容：货款及运费
托收凭据名称：抵扣联和发票联、运费单
附寄单证张数：2
合同名称号码：

商品发运情况：

备注：上项款项已划回收入你方账户内。
　　　收款人开户银行盖章：中国工商银行无锡支行 2017.4.16 办讫章（02）
　　　　　　　　　　　　　　年　月　日

复核：　记账：

此联付款人开户行凭以汇款或收款人开户行作收账通知

图表 9-72

无锡市海天贸易公司　　费用报销单

	购物（或业务往来）日期：2017年4月23日		背面附原始凭证 1 张		
	内　　容	发票号	单价	数量	金额
1	轴承货款	00176044	350.00	10	3 500.00
2	增值税				595.00
3	运费	28917			260.00
备注：					
实报金额（大写）人民币肆仟叁佰伍拾伍元整			￥4 355.00		
审批	戚兴兴	稽核	胡芳	验收	|经手人	林海

报销日期：2017 年 4 月 23 日

图表 9-73

000034566　　　**江苏省增值税专用发票**　　　No　00176044

开票日期：2017 年 4 月 20 日

购货单位	名　　称：	无锡市博朗贸易有限公司	密码区	06*6906<4/+8490<+95-59+7<24349 87<0-->>-6>525<693719>7*787*3 187<4/+8490<+957086813809<712/ <1+9016>3187++>84>93/-
	纳税人识别号：	507068765970687		
	地址、电话：	无锡市向阳路10号　0510-82676888		
	开户行及账号：	中国工商银行无锡支行　3200086754668675466		

货物或应税劳务名称	规格型号	单位	数量	单价	金额	税率	税额
轴承		只	10	350.00	3 500.00	17%	595.00
合计					3 500.00		595.00

价税合计（大写）	人民币肆仟零玖拾伍元整	（小写）￥4 095.00

销货单位	名　　称：	南京机电有限公司	备注	
	纳税人识别号：	320405678934221221		南京机电有限公司
	地址、电话：	山西路88号　025-59682111		发票专用章
	开户行及账号：	中国农业银行江北支行　3658912365891212 1		

收款人：　　　　复核人：　　　　开票人：扬华　　　　销货单位：（章）

第二联：发票联　购货方记账凭证

图表 9-74

火车货物运费结算单

2017 年 12 月 21 日　　　　第 28917 号

发货单位：	南京机电有限公司	说明：代无锡市博朗贸易公司垫付，由收货单位负担	
收货单位：	无锡市博朗贸易公司		
承运单位：	南京铁路有限公司	里程：300千米	
货物件数：	10 件	运费：￥260.00	人民币（大写）人民币贰佰陆拾元整

南京铁路有限公司
发票专用章

承运单位：（章）

图表 9-75

无锡市海天贸易公司收料单

2017 年 4 月 23 日　　　　　　　　　　第 1010 号

供货单位：南京机电有限公司　　材料大类：原材料　　金额单位：元

发票号码：00176044

材料编号	名称	规格	单位	数量		实际价格			计划价格	
				发票	实收	单价	金额	其中：运杂费	单价	金额
	轴承		台	10	10	376.00	3760.00	260.00		

第一联：连同发票凭以付款

制单：王新　　验收：黄玲　　主管：张杰　　记账：

图表 9-76

| 中国工商银行 转账支票存根（苏） VI1007366348 附加信息 _____ _____ 出票日期：　年　月　日 收款人： 金额： 用途： 单位主管　　会计 | 中国工商银行　现金支票（苏）　VI1007366348 本支票付款期限十天 出票日期（大写）　年　月　日　付款行名称： 收款人：　　　　　　　　　　出票人账号： 人民币（大写）　百十万千百十元角分 用途_____ 上列款项请从 我账户内支付 出票人签章　　　　　　复核　　　记账 |

图表 9-77

无锡市海天贸易公司 费用报销单

购物（或业务往来）日期：2017 年 4 月 25 日　　背面附原始凭证 1 张

	内容	发票号	单价	数量	金额
1	支付抚恤金、丧葬费	现金付讫			4500.00
2					
3					

备注：

实报金额（大写）人民币肆仟伍佰元整　　￥ 4500.00

| 审批 | 戚兴兴 | 稽核 | 林海 | 验收 | 许晴 | 经手人 | 王风 |

报销日期：2017 年 4 月 25 日

图表 9-78

<u>抚恤金、丧葬费</u> 发放清单

第1页共1页

姓 名	摘 要	金 额	签 名	备 注
范英	抚恤金、丧葬费	4500.00	范英	
		现金付讫		
合计金额（大写）	人民币肆仟伍佰元整	¥4500.00		

制表人 <u>许晴</u>　　　稽核 <u>林海</u>　　　批准人 <u>成兴兴</u>

<u>2017</u> 年 <u>4</u> 月 <u>25</u> 日

图表 9-79

中国工商银行 支付系统专用凭证 NOD　000016377353

报文种类：CMT100　　交易种类：IIUPS　贷记　　业务种类：11　　支付交易序号：00005705

发起行行号：308290003239　　汇款人开户行行号：308290003239　　委托日期：20170408

发起行名称：中国农业银行农行塘南城北支行

汇款人账号：3658912123456678989

汇款人名称：南京机电有限公司

汇款人地址：南京市

接收行行号：313302087012　　收款人开户行行号：313302087012　　收报日期：20170423

收款人账号：3200086754668675466

收款人名称：无锡市博朗贸易公司

收款人地址：无锡市向阳路10号

货币符号、金额：RMB 645.00

附言：退余款

　　　会计分录　　借：10201　贷：21001　交易所 2871　（直接入账）

流水号：　　　　　打印时间：2017-4-23　13:25:28

第1次打印 1　　　入账账号：3200086754668675466

　　　　　　　　　入账账号名称：无锡市博朗贸易公司

图表 9-80

<u>无锡市海天贸易公司</u> 费用报销单

	购物（或业务往来）日期：*2017*年*4*月*27*日			背面附原始凭证 *1* 张	
	内　　　容	发票号	单价	数量	金额
1	*支付广告费*	*00031985*			*3 600.00*
2					
3					
备注：					
实报金额（大写）人民币*叁仟陆佰元整*			￥ *3 600.00*		
审批	*成兴兴*	稽核	*林海*	验收	*龚峰*	经手人	*陈刚*

报销日期：*2017*年*4*月*27*日

图表 9-81

江苏省梁溪市广告业专用发票

纳税人识别号：*507068765970687*　　　　　发票号码：*232020672211*

客户名称：*无锡市博朗贸易公司*　　　　　发票号码：*00031985*

开票日期：*2017*年*4*月*27*日

项　目	单位	数量	单价	金额	备注
广告费				*3 600.00*	
合计人民币 （大写）	*叁仟陆佰元整*	梁溪市广播电视集团 ￥*3 600.00* 发票专用章			
机打票号：*0030980*			税控防伪码：		
加盖开票单位发票专用章有效			税控编号：		

图表 9-82

中国工商银行 转账支票存根（苏） **VI10815320**
附加信息＿＿＿＿＿＿＿＿＿ ＿＿＿＿＿＿＿＿＿＿＿＿＿
出票日期：*2017*年*4*月*27*日
收款人：*梁溪市广播电视集团*
金额：￥*3 600.00*
用途：*支付广告费*
单位主管*成兴兴*　会计*林海*

图表 9-83

<u>无锡市海天贸易公司</u> 费用报销单

	购物（或业务往来）日期：*2017年4月28日*		背面附原始凭证 *1* 张			
	内　　　　容	发票号	单价	数量	金额
1	支付职工困难补助费				800.00
2					
3		现金付讫			
备注：					
实报金额（大写）*人民币捌佰元整*		¥ *800.00*			
审批	*戚兴兴*	稽核	*林海*	验收		经手人	*华晶莺*

报销日期：*2017年4月28日*

图表 9-84

<u>无锡市海天贸易公司</u> 职工生活困难补助费申请书（*2017年4月28日*代收据）

申请人姓名	*华晶莺*	年龄	*48*	工作部门及职务	*车间工人*	家庭住址	*新明路5号*	（此栏金额待批准后填写）生活困难补助费人民币（大写）*捌佰元整*领款人 *华晶莺*（签名盖章）二〇一七年四月二十八日今收到
每月所得工资	*1800元*	申请补助金额（大写）*捌佰元整*						
家庭人口及经济情况				申请补助理由				
妻子每月工资1600元，儿子上大学，家庭生活比较困难。				*儿子考上大学，开学需要缴纳4500元的学费。*				
最近半年内曾补助过		次		元				
小　组　意　见				车　间　意　见				
冯达				*周玲*				
同意补助金额 *800.00*（小组长签名盖章）				同意补助金额 *800.00*（签名盖章）				
批准意见	*按单位规定补助捌佰元整。　　戚兴兴　2017.4.28* *批准补助金额 800.00*			现金付讫				

图表 9-85

中国工商银行已入账利息传票

2017 年 4 月 26 日

付款账号	账号		收款账号	账号	3200086754668675466
	户 名	利息支出		户 名	无锡市海天贸易公司
	开户银行			开户银行	中国工商银行无锡支行
金额	¥1 450.00		金额	¥1 450.00	
（银行盖章）	中国工商银行无锡支行 2017.4.26 办讫章 （02）		科目		
			对方科目		
			复核	记账	

图表 9-86

无锡市海天贸易公司　　费用报销单

	购物（或业务往来）日期：2017 年 4 月 29 日			背面附原始凭证 1 张		
	内　　　容		发票号	单价	数量	金额
1	支付小车修理费		10038165			1 500.00
2						

备注：							
实报金额（大写）人民币壹仟伍佰元整				¥1 500.00			
审批	戚兴兴	稽核	林海	验收		经手人	谢林

报销日期：2017 年 4 月 29 日

图表 9-87

江苏省工业加工修理发票

发票联

N0 10038165

客户名称：无锡市博朗贸易公司　　2017 年 4 月 27 日

摘要	单位	数量	单价	金额						
				十	万	千	百	十	元	角	分
汽车修理费						1	5	0	0	0	0
合　　计				¥		1	5	0	0	0	0
人民币大写	壹仟伍佰元整										
开户银行	中国农业银行汽配城分行			结算方式		梁溪市汽车修理公司 发票专用章					
账　号	098727781098781098			联系电话		87651098					

开票人　　周雄　　　　　　开票单位

图表 9-88

中国工商银行 转账支票存根（苏） VI10815321	中国工商银行　转账支票（苏）**VI10815321**
附加信息＿＿＿＿＿＿＿＿ ＿＿＿＿＿＿＿＿＿＿＿ ＿＿＿＿＿＿＿＿＿＿＿ 出票日期：　年　月　日 收款人： 金　额： 用　途： 单位主管　　会计	出票日期（大写）　　年　　月　　日　付款行名称： 收款人：　　　　　　　　　　　　出票人账号： 人民币 （大写）　　百十万千百十元角分 用途＿＿＿＿＿＿ 上列款项请从 我账户内支付 出票人签章　　　　　　　　复核　　　记账 本支票付款期限十天

图表 9-89

空白转账支票登记簿

金额单位：元

签发日期			支票号码	收款单位	预计金额	领用人	支票实际金额	报销日期	
年	月	日							

图表 9-90

银行存款余额调节表

开户银行：中国工商银行无锡支行　账号：3200086754668675466　2017年3月30日止　金额单位：元

项目	金额	项目	金额
银行存款日记账余额	189 583.56	银行对账单余额	191 383.56
加：银行已收，企业未收		加：企业已收，银行未收	
减：银行已付，企业未付		减：企业已付，银行未付 　1. 审计费	1 800.00
调节后的存款余额	189 583.56	调节后的存款余额	189 583.56

图表 9-91

中国工商银行对账单

单位名称：无锡市博朗贸易公司　账号：3200086754668675466　2017 年 4 月 31 日止　金额单位：元

2017年		摘　要	借　方	贷　方	借或贷	结余金额
月	日					
12	1	承前页			贷	191 383.56
	1	支付审计费	1 800.00		贷	189 583.56
	1	供电局退电费		233.60	贷	189 817.16
	1	预收货款		4 000.00	贷	193 817.16
	2	收到销售材料款		2 211.30	贷	196 028.46
	2	提取现金	1 000.00		贷	195 028.46
	4	预付货款	5 000.00		贷	190 028.46
	4	上缴增值税	2 838.57		贷	187 189.89
	5	支付材料款	783.90		贷	186 405.99
	6	支付材料款	2 106.00		贷	184 299.99
	8	代付运费	2 500.00		贷	181 799.99
	8	办理银行汇票	5 000.00		贷	176 799.99
	8	上缴所得税	7 150.98		贷	169 649.01
	9	销售产品款		18 720.00	贷	188 369.01
	11	支付水费	3 520.00		贷	184 849.01
	15	提取现金	110 000.00		贷	74 849.01
	17	付报刊订阅费	885.00		贷	73 964.01
	18	借入流动资金		80 000.00	贷	153 964.01
	20	提取现金	2 000.00		贷	151 964.01
	20	上海退余款		788.00	贷	152 752.01
	21	销售产品		35 100.00	贷	187 852.01
	23	收到货款		43 450.00	贷	231 302.01
	25	提取现金	4 500.00		贷	226 802.01
	26	南京退余款		645.00	贷	227 447.01
	26	存款利息收入		1 450.00	贷	228 897.01
	28	支付广告费	3 600.00		贷	225 297.01
	31	代付电费	2 300.00		贷	222 997.01

图表 9-92

银行存款余额调节表

开户银行：　　　　　账号：　　　　　2017 年　　月　　日止　　　　金额单位：元

摘　要	入账日期凭证号	金　额	摘　要	入账日期凭证号	金　额
银行存款日记账余额			银行对账单余额		
加：银行已收，企业未收			加：企业已收，银行未收		
1			1		
2			2		
3			3		
4			4		
减：银行已付，企业未付			减：企业已付，银行未付		
1			1		
2			2		
3			3		
4			4		
调节后的余额			调节后的余额		

实训 2　会计报表编制实训

一、实训目的

通过实训，学生能够熟练掌握报表的编制方法。

二、实训资料

东方有限公司 2017 年 12 月 1—31 日基本资料如下：

（1）简化记账凭证

图表 9-93

12月	总分类科目	明细分类科目	借方金额	贷方金额	备注
1	银行存款 股本		300 000.00	300 000.00	
1	银行存款 长期借款		200 000.00	200 000.00	
2	原材料 应交税费 银行存款	甲材料 应交增值税（进项税额）	60 000.00 10 200.00	70 200.00	
3	销售费用 银行存款	广告费	8 000.00	8 000.00	
3	应收账款 主营业务收入 应交税费	湛化公司 应交增值税（销项税额）	444 600.00	380 000.00 64 600.00	
4	固定资产 应交税费 银行存款	应交增值税（进项税额）	20 000.00 3 400.00	23 400.00	
5	库存现金 银行存款		2 000.00	2 000.00	
5	其他应收款 库存现金	王华	800.00	800.00	
5	银行存款 应收账款	湛宝公司	30 000.00	30 000.00	
6	银行存款 应收账款	湛化公司	444 600.00	444 600.00	
6	原材料 应交税费 银行存款	甲材料 乙材料 应交增值税（进项税额）	40 200.00 30 300.00 11 900.00	82 400.00	
6	库存现金 银行存款		49 200.00	49 200.00	
7	应付职工薪酬 库存现金	工资	49 200.00	49 200.00	
7	管理费用 库存现金 其他应收款	差旅费 王华	740.00 60.00	800.00	
7	制造费用 管理费用 库存现金	办公费 办公费	200.00 240.00	440.00	
8	应付票据 银行存款	永信公司	180 000.00	180 000.00	

续表

12月	总分类科目	明细分类科目	借方金额	贷方金额	备注
9	银行存款 短期借款		100 000.00	100 000.00	
10	应交税费 银行存款	未交增值税 应交所得税	87 000.00 31 000.00	118 000.00	
11	生产成本 原材料	A产品 B产品 甲材料 乙材料 丙材料	300 000.00 142 000.00	96 000.00 220 000.00 126 000.00	
15	银行存款 主营业务收入 应交税费	B产品 应交增值税（销项税额）	457 704.00	391 200.00 66 504.00	
16	短期借款 银行存款		120 000.00	120 000.00	
17	管理费用 银行存款	修理费	1 600.00	1 600.00	
18	应收票据 主营业务收入 应交税费	长城公司 A产品 B产品 应交增值税（销项税额）	527 436.00	190 000.00 260 800.00 76 636.00	
19	原材料 应交税费 应付票据	乙材料 丙材料 应交增值税（进项税额） 向阳公司	80 000.00 105 000.00 31 450.00	216 450.00	
20	制造费用 应交税费 银行存款	水电费 应交增值税（进项税额）	6 400.00 992.00	7 392.00	
21	管理费用 库存现金	业务招待费	1 500.00	1 500.00	
22	生产成本 原材料	A产品 B产品 甲材料 乙材料 丙材料	220 000.00 208 000.00	80 000.00 180 000.00 168 000.00	
23	原材料 待处理财产损溢	甲材料	400.00	400.00	

续表

12月	总分类科目	明细分类科目	借方金额	贷方金额	备注
24	待处理财产损溢		2 526.00		
	库存商品	B产品		2 526.00	
24	应付账款	湛南公司	17 000.00		
	营业外收入			17 000.00	
25	待处理财产损溢		400.00		
	管理费用	其他		400.00	
26	管理费用	其他	2 526.00		
	待处理财产损溢			2 526.00	
26	制造费用	折旧费	22 000.00		
	管理费用	折旧费	7 000.00		
	累计折旧			29 000.00	
26	生产成本	A产品	22 400.00		
		B产品	13 552.00		
	制造费用	职工薪酬	5 400.00		
	管理费用	职工薪酬	7 848.00		
	应付职工薪酬	工资		49 200.00	
26	生产成本	A产品	13 600.00		
		B产品	20 400.00		
	制造费用			34 000.00	
27	库存商品	A产品	556 000.00		
		B产品	383 952.00		
	生产成本	A产品		556 000.00	
		B产品		383 952.00	
27	财务费用		4 400.00		
	应付利息			4 400.00	
27	销售费用		65 200.00		
	银行存款			65 200.00	
28	应交税费	应交增值税（转出未交增值税）	149 798.00		
	应交税费	未交增值税		149 798.00	
28	主营业务成本	A产品	417 000.00		
		B产品	505 200.00		
	库存商品	A产品		417 000.00	
		B产品		505 200.00	

续表

12月	总分类科目	明细分类科目	借方金额	贷方金额	备注
28	本年利润		1 020 854.00		
	主营业务成本			922 200.00	
	税金及附加			65 200.00	
	销售费用			8 000.00	
	管理费用			21 054.00	
	财务费用			4 400.00	
29	主营业务收入		1 222 000.00		
	营业外收入		17 000.00		
	本年利润			1 239 000.00	
29	所得税费用		54 536.50		
	应交税费	应交所得税		54 536.50	
	本年利润		54 536.50		
	所得税费用			54 536.50	
31	利润分配	提取法定盈余公积	150 762.95		
	盈余公积			150 762.95	
31	利润分配	应付股利	603 051.80		
	盈余公积			603 051.80	
31	本年利润		1 507 629.50		
	利润分配	未分配利润		1 507 629.50	
31	利润分配	未分配利润	753 814.75		
	利润分配	提取法定盈余公积		150 762.95	
		应付股利		603 051.80	

增值税销项税=64 600+66 504+76 636=207 740（元）

增值税进项税=10 200+3 400+11 900+31 450+992=57 942（元）

应交增值税=销项税—进项税=207 740-57 942=149 798（元）

全年净利润=1~11月净利润+12月净利润 =1 344 020.00+163 609.50=1 507 629.5（元）

(2) 期初资料

图表 9-94

会计科目	期初借方余额	期初贷方余额
库存现金	2 560.00	
银行存款	502 500.00	
交易性金融资产	100 000.00	
应收票据	—	
应收账款	250 000.00	
其他应收款	38 400.00	
预付账款	54 200.00	
原材料	168 8000.00	
库存商品	1 581 640.00	
固定资产	5 472 000.00	
无形资产	11 077 700.00	
累计折旧		2 685 000.00
待处理财产损溢		—
短期借款		280 000.00
应付票据		180 000.00
应付账款		267 000.00
应付职工薪酬		49 200.00
应交税费		167 200.00
应付股利		56 400.00
应付利息		—
其他应付款		6 400.00
长期借款		400 000.00
股本		14 170 000.00
资本公积		191 680.00
盈余公积		616 620.00
本年利润		1344 020.00
利润分配		353 480.00
合计	20 767 000.00	20 767 000.00

(3) 相关责任人

单位负责人：王海；财会负责人：蒋芳；复核：林正； 制表：王明。

三、实训要求

根据实训资料，登记科目汇总表（见图表9-95和图表9-96），编制会计报表（见图表9-97和图表9-98）。

图表9-95

科目汇总表

年 月 日至 月 日

编号：21			附件共 张	
凭证号数	收	第 号至 号共 张		
	付	第 号至 号共 张		
	转	第 号至 号共 张		

科目名称	金额合计借方	金额合计贷方

图表 9-96

科目汇总表

年 月 日至 月 日

编号：22		附件共 张
凭证号数	收	第 号至 号共 张
	付	第 号至 号共 张
	转	第 号至 号共 张

科目名称	金额合计借方	金额合计贷方

图表 9-97

资产负债表

会计 01 表

编制单位：　　　　　　　　　　　　　年　月　　　　　　　　　　　　　　　单位：元

资产	期末余额	年初余额	负债和所有者权益（或股东权益）	期末余额	年初余额
流动资产：			流动负债：		
货币资金			短期借款		
交易性金融资产			交易性金融负债		
应收票据			应付票据		
应收账款			应付账款		
预付款项			预收款项		
应收股利			应付职工薪酬		
应收利息			应交税费		
其他应收款			应付利息		
存货			应付股利		
一年内到期的非流动资产			其他应付款		
其他流动资产			一年内到期的非流动负债		
流动资产合计			其他流动负债		
非流动资产：			流动负债合计		
可供出售金融资产			非流动负债：		
持有至到期投资			长期借款		
长期应收款			应付债券		
长期股权投资			长期应付款		
投资性房地产			专项应付款		
固定资产			预计负债		
在建工程			递延所得税负债		
工程物资			其他非流动负债		
固定资产清理			非流动负债合计		
生产性生物资产			负债合计		
油气资产			所有者权益（或股东权益）：		
无形资产			实收资本（或股本）		
开发支出			资本公积		
商誉			减：库存股		
长期待摊费用			盈余公积		
递延所得税资产			未分配利润		
其他非流动资产			所有者权益（或股东权益）合计		
非流动资产合计					
资产总计			负债和所有者权益（或股东权益）总计		
单位负责人：　　　　　　财会负责人：　　　　　　复核：　　　　　　制表：					

图表9-98

利 润 表

会企02表

编制单位： 年 月 单位：元

项　目	本期金额	上期金额
一、营业收入		
减：营业成本		
营业税金及附加		
销售费用		
管理费用		
财务费用		
资产减值损失		
加：公允价值变动收益（损失以"－"号填列）		
投资净收益（损失以"－"号填列）		
二、营业利润　（亏损以"－"号填列）		
加：营业外收入		
减：营业外支出		
其中：非流动资产处置净损失		
三、利润总额		
减：所得税费用		
四、净利润		
五、每股收益：		
（一）基本每股收益		
（二）稀释每股收益		

单位负责人： 财会负责人： 复核： 制表：

基础会计综合实训评价表

评价项目	分　值	评　分	备　注
业务处理	1×40		
现金日记账的登记	5		
银行存款日记账的登记	5		本项目可以作为期末测试，以学生的完成情况进行评分。前面7个项目的训练占60%，本项目训练占40%
记账凭证的装订	5		
银行存款余额调节表的编制	5		
科目汇总表的编制	10×2		
资产负债表的编制	10		
利润表的编制	10		
合　　计	100		

反侵权盗版声明

电子工业出版社依法对本作品享有专有出版权。任何未经权利人书面许可,复制、销售或通过信息网络传播本作品的行为,歪曲、篡改、剽窃本作品的行为,均违反《中华人民共和国著作权法》,其行为人应承担相应的民事责任和行政责任,构成犯罪的,将被依法追究刑事责任。

为了维护市场秩序,保护权利人的合法权益,我社将依法查处和打击侵权盗版的单位和个人。欢迎社会各界人士积极举报侵权盗版行为,本社将奖励举报有功人员,并保证举报人的信息不被泄露。

举报电话:(010)88254396;(010)88258888
传　　真:(010)88254397
E-mail:　dbqq@phei.com.cn
通信地址:北京市海淀区万寿路173信箱
　　　　　电子工业出版社总编办公室
邮　　编:100036